인문학으로
파리를 거닐다

# 인문학으로 파리를 거닐다

발행일    2023년 8월 1일

지은이    이은주
펴낸이    손형국
펴낸곳    (주)북랩
편집인    선일영                          편집    정두철, 윤용민, 배진용, 김부경, 김다빈
디자인    이현수, 김민하, 김영주, 안유경, 한수희    제작    박기성, 구성우, 변성주, 배상진
마케팅    김회란, 박진관
출판등록  2004. 12. 1(제2012-000051호)
주소      서울특별시 금천구 가산디지털 1로 168, 우림라이온스밸리 B동 B113~114호, C동 B101호
홈페이지  www.book.co.kr
전화번호  (02)2026-5777                    팩스    (02)3159-9637

ISBN      979-11-6836-711-1 03300 (종이책)        979-11-6836-091-4 05300 (전자책)

**(주)북랩** 성공출판의 파트너

북랩 홈페이지와 패밀리 사이트에서 다양한 출판 솔루션을 만나 보세요!

**홈페이지** book.co.kr    •    **블로그** blog.naver.com/essaybook    •    **출판문의** book@book.co.kr

**작가 연락처 문의 ▸ ask.book.co.kr**

작가 연락처는 개인정보이므로 북랩에서 알려드릴 수 없습니다.

파리의 역사와 문화, 예술을 아우르는 인문학 산책

# 인문학으로
# 파리를 거닐다

이은주 **지음**

 **북랩**

"나의 소중한
재효와 기욤에게"

늘 한자리를 지키고 있는 장소에 얹혀진 시간은 직조기의 씨실과 날실이 엮어내는 천과 같은 다양한 스토리를 짜내고 쌓아가면서 가만가만 숨 쉬듯 알게 모르게 역사를 만들어 낸다. 그리고 이러한 장소를 찾는 방문객은 시간을 통해 축적된 각자의 사유 세계, 다양한 시각, 감정의 변화로 같은 장소를 방문할 때마다 다른 느낌과 다른 사유를 펼치면서 새로운 감흥에 취하게 된다.

강산도 변한다는 긴 10년의 세월에도 파리의 외관은 전혀 움직이지 않은 늘 같은 모양인 듯 하지만 자세히 들여다 보면 10년의 시간은 아주 천천히 긴 호흡으로 건물에 농후함을 불어 넣어 도시의 분위기는 마치 잘 늙어가는 초로의 노인과 같은 여유로움이 배어 있다.

파리는 지구촌 변화 속도에 별 관심 없이 자기만의 속도를 유지하고 늘 같은 색을 지니고 있어 파리에서 과거의 시간을 소환하는 것은 어렵지 않고 그래서 현재의 시간도 낯설지 않다. 과거를 간직하고 느릿느릿 정체된 것처럼 보이지만 그렇다고 대도시의 특유의 역동성과 생동감을 잃은 것은 아니다. 마치 물속에서 쉬지 않고 발을 놀리는 수면 위의 오리 모습처럼 내면의 변화를 외관이 서투르게 호들갑 떨지 않는 모습과도 같다.

오랫동안 머물렀던 곳, 많은 추억을 담고 있는 곳에 오랜만에 와보니 그동안 아주 까맣게 잊고 있었던 과거 시간 저장고의 사건과 생각들이 내 발자국 소리에 하나씩 둘씩 등장하면서 마치 선물처럼 현재의 내 시간 속으로 들어왔다. 이러한 느낌은 이제 앞으로 올 시간보다는 지나간 시간을 돌아보는 것에 더 익숙해진 나이가 되어 비로소 얻게 된 경험일 수도 있다. 그러나 과거의 선물을 오늘의 시간으로 다시 풀어보니 새로운 느낌과 새로운 사유가 현재를 설레게 한다. 시간과 함께 축적된 나만의 사유 세계에 과거와 현재의 시간이 합쳐지면서 현재의 내 인식 체계를 또다시 새롭게 해 줄 것 같은 이 설렘은 너무나 불확실한 미래에 대한 아주 작은 희망을 함께 동반하면서 나를 찾아왔다.

이러한 설렘과 희망을 갖고 느릿느릿 도시를 산책하는 플라네르의 눈으로 파리의 구석구석을 다시 밟아 보니 파리는 이제까지 내가 느끼지 못했고 생각하지 못했던 자신의 구석구석에 숨어있는 보물들을 꺼내 보여주기 시작했다.

과거 시간 속에 숨어있었던 사건, 감정, 시선 그리고 생각들이 지금의 생각들과 얽히고 어울려 몸속에 있는 감정선들을 깨우면서 또 다른 새로운 감정들을 만들어 낸다. 때론 과거 사건 속 그때 그 감정을 고스란히 간직한 채 여전히 그곳에 머물러 있는 나를 발견하는 놀라운 경험을 하기도 한다. 기쁨의 순간도 있었고 아픔의 상처도 여전히 그 공기 속에서 나를 반겨 주었다.

몸과 머리가 기억하는 장소에서 오랜 시간 구석구석에 남아 있던 감정과 추억들은 새로운 질문을 가지고 나를 기다리고 있었고 난 그 질문을 풀어가면서 새로운 감흥과 감회를 답으로 받아냈다.

철저하게 나만이 할 수 있는 개인적 경험이고 너무나 명확하게 내 지식 체계의 범위에서만 경험할 수 있는 사유들이다. 내 지식의 한계가

한 치의 오차도 없이 분명하게 나타나지만 나는 이것을 내 한계로 규정 짓고 싶다. 석학이나 전문가들의 지식이 부럽기는 하지만 지식의 양과 감성은 비례하지 않는다는 위로를 하면서… 오랜 시간 후에 찾아가 본 과거의 공간은 내 모든 감각들을 살아나게 해 주어 오랜만에 차분한 흥분감으로 행복이라는 것을 느꼈다.

처음 경험한 공간들은 나의 정서 체계로 이해하기 힘들어 그 많은 실체들이 마음속에 자리 잡지 못하였다. 실체들이 담고 있는 다양한 사회적 요소들을 알아가기 위해서는 시간이 많이 필요했던 것이다. 다른 문화를 내 문화 체계 속에 담아 들이는 것은 마치 물 위에 기름처럼 섞일 줄 모르고 서로 내외하고 중화되지 못했다. 그러나 오랜 시간이 지나 다시 그 공간에 가 보니 지난 시간 느끼지 못했던 것들이 이미 내 몸속에 들어와 자리를 잡고 있었음을 알게 되었다.

잊었던 시간들은 소멸되어 나에게서 떠난 것이 아니라 내 몸 어딘가에 있으면서 지금의 나를 만드는 작업을 하고 있었던 것이다. 이렇게 드러내지 않고 존재했던 그 시간들 덕분에 나도 모르게 체화된 공간의 느낌들이 공간을 기억하면서 존재감을 드러냈다. 이러한 감정들은 예전에 보지 못했고 느끼지 못했던 많은 것들을 깨우면서 또 다른 시간여행을 만들어 주어 새삼 새로운 감정의 결이 묵직한 질감으로 느껴졌다.

나이가 들어갈수록 앞으로의 시간을 이야기하기보다는 잊혀진 과거를 이야기하고 추억을 그리워한다고 한다. 그러나 잊혀진 시간 속에 감추어져 있던 실체들을 다시 보게 되니 추억이 가지고 있는 답보다는 새로운 질문들이 생겨난다. 이러한 질문들은 과거의 시간과 현재의 시간이 연결된 이음줄에서 관찰되는 물음표 같은 것이다 파리에 두고 온 오래된 시간과 공간을 찾아가면서 과거의 시간과 현재의 시간을 통해 새로운 질문을 탐색하는 여정을 기록해 보았다

마르셀 프루스트가 '잃어버린 시간을 찾아서'에서 찾고자 했던 삶의 영원성보다는 무의식, 의식 속에서 끊임없이 작용하고 있는 과거의 시간과 공간들을 통해서 재현되고 재구성되는 감정과 정서 체계에서 인생의 또 다른 새로움이 생겨나는 시간의 순환성을 느끼면서 이야기하고 싶었다.

아니 아르노(Annie Ernaux)의 표현대로 개인의 기억이라는 스크린 위에 공동의 역사로 투영된 상을 보여 줄 수 있을 것 같아 내 감성과 느낌을 적어내면서 공감대를 만들어 가고자 한다.

## 목차

# 움직이는 축제,
# 파리의 아름다움

Walk around Paris through the humanitiesris

**시간은** 영화 바그다드 카페의 지루한 여름날처럼 게걸음 속도로 가기도 하지만 야금야금 먹은 과자가 어느 순간 없어지는 시간만큼 짧은 시간이기도 하다. 시간은 양보다는 시간이 담아낸 사건들이 안겨준 감정의 질감을 가진 시간의 질이 더 의미가 있다. 무수한 사건을 담고 있는 우리 신체 안의 시간 저장고는 현재의 감정에 따라 데자뷔처럼 기억을 소환한다. 그 기억은 다시 과거의 시간을 소환하고 현재의 시간과 융합하여 미래의 시간으로 향하게 한다. 작은 기억의 실마리는 겨자씨와 같은 크기로 다가오지만 현재의 시간과 함께 큰 과일 크기의 열매를 맺어 풍성한 수확을 안겨주고 미래를 희망하게 한다.

태어나 자라는 곳이 세상의 전부였던 어린 시절 우연히 접하게 되는 낯선 외국의 풍경은 눈에 익은 세상과는 다른 이국적인 이미지로 호기심 이상의 신기함까지 느끼게 된다. 마치 헨젤과 그레텔 동화의 과자로 만든 집처럼 현실감은 없지만 꼭 한번은 직접 가보고 싶은 최대치의 욕구가 생기는 그런 곳이다. 세계인이 가장 가보고 싶은 곳 1위인 파리는 노마드 본성을 가진 인간의 방랑기질 보다는 어린 시절 과자와 초콜릿으로 만든 집에 대한 호기심을 잔뜩 주는 곳이다. 또한 파리는 그곳에 살다 보면 어느 정도의 호기심이 채워져 감흥의 감도가 많이 수그러지지만, 파리를 떠나오면 가끔씩 가슴 저리게 그리운 곳이기도 하다. 그래서 다시 가 보면 가슴이 뛰고 아련한 추억들이 머릿속에서 서로 자리를 차지하려고 아우성치듯 부산스럽다.

잊고 있었던 지나간 과거의 오랜 시간을 기억하게 해 주는 것은 도시의 다양한 유형, 무형의 실체들 속에 존재하고 있었던 개인적 경험들이다.

파리는 도시미관의 변화가 거의 없어 오랜만에 다시 가 보면 눈에 익숙했던 풍경들이 여전히 그 자리에서 같은 모습으로 반기고 있어 벤자민 버튼의 시계처럼 다른 사람들과 다르게 과거로 들어가고 있는 듯하다. 호기심 보다는 재회의 설렘으로 여기저기 다녀보는 파리 산책은 과거의 기억을 회상하는 지극히 개인적인 놀이이기도 하지만, 한편으로는 시간 속에 사는 모든 사람들처럼 과거의 추억 속에 자리 잡고 있는 슬픔, 그리움과 아련함을 소환하면서 지금 살아 있음에 감사하는 순간이기도 하다.

진정한 아름다움은 변하지 않는 가치를 지니면서 인간의 인식 체계와 인간다움을 만들어 주는 삶의 정수로 시간이 지나 없어지는 것이 아니라 세월을 입음으로써 진리에 가까운 미를 완성한다.

사람의 손으로 만들어 낸 파리의 아름다움은 세월의 자긍심과 미적 가치를 아는 사람들의 사랑이 더해지면서 시간이 갈수록 더 매력적이고, 더 우아해지고 있다. 그래서 파리의 아름다움의 절반은 시간이 만들어 낸 것 같다.

설렘으로 분주한 마음을 나무늘보 걸음으로 누르면서 천천히 걷다 보면 넓은 광장에 우뚝 서 있는 나폴레옹 시신이 안치된 앙발리드가 황금색으로 칠한 돔을 자랑하며 나타난다.

스스로 황제를 칭하면서 많은 업적을 남겼음에도 불구하고 노후에는 엘바섬과 멀리 세인트 헬레나섬에서 힘든 유배 생활을 한 나폴레옹의 시신은 사망 이후 19년 동안을 프랑스 밖 남대서양 섬에서 고향을 그리며 프랑스로 돌아오지 못했다. 결국 1840년 5월에 당시 프랑스의 마지막 왕인 루이 필립의 영국과 오랜 협상을 이끈 노력 덕분에 그의 유해는 조국으로 돌아와 이곳 앙발리드(Les Envalides)에 안치되어 그가 사랑하고 통치했던 파리에 머물게 되었다. 앙발리드의 위용은 나폴레옹의 영광보다는 19년 그가 치른 인고의 시간과 그를 조국의 품으로 데려온 프랑스인들의 노력의 결실이 담겨 있어 더 크게 보였다. 그리고 세상은 막무가내로 가지 않고 최소한의 도덕적 질서가 움직이고 있다는 생각에 괜히 안심이 된다. 에펠탑이 세워지기 전에는 파리에서 가장 높은 건축물이었던 이곳은 왕들이 원했던 권세의 표징으로 지금도 그 권위가 느껴질 정도로 품위와 위엄이 있다.

앙발리드의 황금색 돔은 나폴레옹의 역사처럼 파리의 기쁨과 슬픔의 시간을 간직하면서 건축의 아름다움과 함께 많은 이야기를 품고 있는 세월이 주는 품위와 자긍심까지 듬뿍 안고 있다. 역사는 무수한 감정들과 많은 사건을 인내하고 성장하면서 만들어지기 때문에 역사를 품고 있는 생물, 무생물들은 특별한 격이 있다. 숙연함으로 함부로 할 수 없고 묵직함으로 믿음이 가는 그런 감성의 격이다. 세월 속에서 기쁨과 슬픔을 받아내 성숙하면서 익어가고 넉넉해지는 인간의 모습과도 같다. 이 건축물은 외형의 아름다움도 있지만 앙발리드 앞뒤로 넓게 펼쳐진 잔디광장 덕분에 건물의 스케일이 지면으로 확장되어 넓게 펼쳐져 있는 듯하다. 잔디광장은 마치 은은하고 긴 조명과 같이 건축물을 비춰주는 효과가 있어 건축물의 외형이 더욱더 돋보인다. 이곳 성당은 예전 왕족들이 미사를 드렸던 곳으로 넓은 광장은 예전 왕족들이 미사를 위해 성당에 들어가기 전에 모여 나눈 담소와 왕족들이 타고 온 마차들이 줄지어 있는 과거의 이야기를 들려주는 듯하여 일요일 행사의 편안함과 여유로움까지 전해지는 곳이다.

앙발리드를 지나 조금만 걸어가면 로댕 미술관으로 들어가는 골목이 나타난다. 친숙한 미술관을 오랜 친구 만난 듯 반가운 마음으로 들어가면 정원 중앙에는 여전히 턱을 괴고 사색에 잠긴 '생각하는 사람'이 자리를 지키고 있다. 16세기 말 데카르트(Decartes)의 '나는 생각한다, 고로 나는 존재한다(Cogito ergo sum)'의 철학적 명제를 19세기에 로댕(Rodin)이 시각적인 조각으로 표현했구나 생각하면서 조금은 억지스럽게 두 사람을 연결해 보는 사색의 재미도 있다. 로댕 미술관은 방문할 때마다 로댕보다는 까미유 끌로델(Camille Claudel)이 더 강하게 떠오른다. 서로의 애증과 상처를 표현한 조각품들 중에 까미유의 '성숙한 나이(L'Âge mûr)'라는 조각은 세 사람의 표정과 몸짓을 통해 청년에서 노년까지 인간 삶의 여정을 표현한 작품이다. 죽음에 끌려갈 수밖에 없는 인간의 운명을 표현한 것이지만 실은 떠나가는 로댕에 대한 까미유의 마음을 보여준 것으로 마음 아픈 좌절과 어쩔 수 없는 포기가 가득 읽힌다. 까미유는 이러한 자신을 이겨내지 못하고 결국 정신병원에서 생을 마감하게 되어 까미유에게 시간은 치유를 위한 것이 아니라 좌절과 슬픔이 겹겹이 쌓아지는 괴로운 시간이었다. 우리 모두에게 평등하게 주어지는 시간은 어떤 감정으로 보내는가에 따라 너무나 다양한 내용으로 시간 저장고를 채운다. 진한 농도의 사랑과 슬픔으로 자신의 시간을 채웠던 까미유의 아픔과 슬픔은 그녀가 사망한 지 80년이 지났어도 넓은 로댕 미술관 정원 곳곳에 스며있는 것 같다. 그녀의 슬픈 사랑에 공감할 수 있는 것은 아마도 보편적 사랑 안에는 늘 슬픔이 자리 잡고 있기 때문이다.

세월과 시간은 예술작품을 대하는 감상의 폭을 넓고 깊게 만들어 같은 작품의 다른 느낌과 감상을 선사한다. 젊었을 때 스쳐보았던 미술관 뜰 한편에 크게 세워져 있는 '지옥의 문'은 세월을 입은 나이에는 많은 공감으로 관객을 사로잡는다. 죽음이 가까워지는 나이가 들수록 삶을 채우는 방법과 내용의 질을 생각하면서 죽음을 준비하게 된다.

인간의 삶과 죽음, 이 두 개는 우리의 선택이 배제되어 주어지는 것이지만 이 시작과 끝 사이의 시, 공간은 철저하게 개인의 자유 의지로 모든 것을 결정하면서 유한의 삶을 채워간다. 죽음이 부르는 그날까지 내게 허용된 이 자유를 진정 진실하게 누리고 있는가? 내 삶의 진정성은 누가 판단하여 죽음 후 나를 천국과 지옥 어느 쪽으로 보낼 것인가? 이런저런 죽음 앞에서 겸허하게 삶을 생각하게 된다. 로댕이 상상한 지옥의 문 앞에서 지옥의 두려움보다는 삶의 불확실성이 더 두려운 것은 우리 개개인에게 주어진 자유를 각자의 것으로 만들지 못하고 있기 때문이 아닐까, 하는 생각으로 조각의 어두운색만큼 마음에 진한 감청색이 감기는 느낌이다. 미술관 실내에 전시된 수많은 조각품은 주로 인간의 얼굴과 신체 등으로 평균 70킬로 무게의 작은 체구에 들어 있는 인간의 수많은 감정, 얽히고설킨 관계의 모습으로 방안을 가득 메우고 있다. 방방이 가득한 작은 조각품들이 품고 있는 행복, 사랑, 갈등, 슬픔 등의 다양한 감정들이 관객의 마음으로 들어앉아 오랜 시간 발길을 붙잡는다.

오랜 시간 동안 그냥 스쳐 지나간 것만 같았던 문화 환경은 우리가 인식하지 못할 정도의 아주아주 작은 공기 입자의 크기로 우리의 정서 세포에 스며들었다. 이렇게 전혀 인지하지 못했던 오랜 시간 몸속에 자리 잡았던 예술 감각의 세포들은 다시 보는 그림 앞에서 존재감을 드러내면서 예술의 세계를 알려주고 있어 그냥 덧없이 흘러간 것만 같았던 세월의 고마움을 경험한다.

골목 안쪽에 있는 로댕 미술관 골목은 길지 않아 금방 대로와 연결되어 있는데 이 대로는 바로 넓은 광장과 손을 잡은 듯 연결되어 있다. 광장 앞에는 파리의 건축물 중에 가장 화려하고 아름다운 다리인 알렉산더 3세 다리가 센강의 물결과 함께 자신의 아름다움을 드러내고 있다. 세월이 비껴간 듯 여전히 아름다운 이 다리는 이름에서 알 수 있듯이 러시아와의 역사가 있는 곳이다.

1892년, 러시아 마지막 황제인 니콜라이 2세(Nicolas II)와 프랑스 사디 카르노(Sadi Carnot) 대통령은 양국의 동맹 관계를 맺고, 1896년 니콜라이 황제가 파리를 방문하면서 양국의 우호 관계를 상징하는 징표로 다리의 머릿돌을 놓고 다리 이름을 황제의 부왕인 '알렉산더 3세(Alexandre III)'로 정하였다. 알렉산더 3세는 집권 당시 독일의 비스마르크와 사이가 좋아지지 않자 프랑스와 동맹을 맺고, 프랑스 자본으로 시베리아 철도를 놓는 등 프랑스와 협력적인 관계를 가지고 있었다. 그래서 그의 아들인 니콜라이 2세가 이러한 관계를 더욱 돈독히 하기 위해 아버지의 이름을 다리 이름으로 사용한 것이다. 이 다리의 역사는 파리의 역사인 동시에 외교와 축제의 역사를 함께 담고 있다. 화해와 갈등, 평화와 전쟁과 같은 질곡의 역사 속에 의연하게 자리 잡고 있는 다리는 돌 무게와 같은 묵직함과 화려한 옛 시간을 간직하면서 시간을 받아내고 있다.

외교의 결실을 기념하는 이 다리는 1900년 파리 만국박람회에 맞추어 완성되어 역사적 사건들이 중첩된 의미가 크다. 그러나 그런 역사를 알지 못해도 다리의 전체적인 곡선미와 32개의 가로등으로 구성된 뛰어난 건축의 아름다움, 그리고 다리 앞에 조각된 조각품이 주는 예술적 가치는 역사적 내용보다 더 관심이 가는 곳이다. 이 다리의 아름다움과 견고함이 다리 명칭인 알렉산더 3세의 이미지로 오버랩 되어 러시아인들의 자부심이 될 수도 있겠다 생각하니 몇 자의 문자로 이루어진 이름, 명칭이 주는 정체성의 힘을 새삼 느끼게 된다.

이 다리에 서서 시선을 아주 조금만 돌리면 에펠탑이 자기의 존재를 한껏 뽐내고 있다. 에펠탑과 이 다리가 어우러진 광경은 도시 외형의 아름다움에 가슴이 설레는 카타르시스 이상의 작은 흥분을 준다. 두 개 건축물의 조화는 마치 360도 모든 각에서 보이는 미를 예상하고 지은 것과 같이 정말 그림처럼 아름답다.

작가 모파상(Maupassant)은 에펠탑 밑에서 바라다보는 에펠탑이 마치 괴물 같다고 극도로 싫어해 에펠탑이 눈에 보이지 않는 에펠탑 안의 레스토랑에서 주로 식사했다는 유명한 일화가 있지만 멀리서 바라보는 에펠탑은 평평한 파리의 지형학적 지루함을 순간에 날려 보내는 존재감이 있다. 아름다움은 보는 사람들의 시각과 정서체계에 따라 다르게 느껴지기 때문에 위대한 작가인 모파상의 미적 기준과 상관없이 너무나 아름답다. 어스름한 이른 저녁 조명을 담고 있는 에펠탑은 여성적인 우아함을 잔뜩 뿜어내고 있다. 우아한 에펠탑으로 인해 파리의 아름다움은 튼실한 남성미보다는 우아한 여성미에 가까워 안에서부터 배어

나오는 수줍고도 당당한 우아함이 있다.

파리는 시간이 지날수록 이상한 마력으로 사람을 매혹시킨다. 모든 장소들은 자기만의 역사를 담고 있지만 파리는 유독 지나간 역사를 잘 보듬어 품고 있어 더 매혹적이다. 영화 '미드나잇 인 파리'의 장면들처럼 파리는 과거로의 시간여행을 가능케 한다. 18, 19세기 파리 소시민들의 일상과 파리의 모습을 표현한 모파상(Maupassant), 에밀 졸라(Émile Zola), 발자크(Balzac) 작품의 배경들이 오늘날에도 여전히 예전 그대로 파리에 머물러 있다. 예전에 마차가 지나다니던 좁은 돌이 깔린 골목길을 오늘날은 마차 대신 시내버스가 다니고 골목의 옛 상점은 파는 품목만 바뀌었을 뿐 소설 속에 등장하는 파리 골목길의 냄새는 여전히 오늘의 사람 정취와 섞여 있으며, 과거의 시간은 오늘날 자동차가 다니는 돌길과 오래된 건축 기둥 사이 사이에 깊숙이 배어 있다. 시간의 정령들과 함께 옛것을 고수하고 있는 파리는 효율성, 신속함, 편리성을 자랑하는 현대 사회의 시스템과 속도에 관심 없이 안단테의 느낌으로 가고 있다. 그래서 파리 일상의 불편함은 불편함이 아니라 옛것의 묵직함, 오래된 것의 편안함과 함께 파리 고유의 색깔로 불편함을 덮고 자긍심을 만들어 낸다.

이러한 아름다움 뒤에는 대부분의 대도시처럼 파란만장한 역사적 사건이 감추어져 있다. 프랑스 대혁명, 기요틴 대의 사형, 전쟁, 폭동, 파업, 시위 등등…. 어두운 사건과 수많은 상처의 흔적들이 아물어 가는 이 도시는 지난 온 역사를 보듬고 앞으로의 역사를 내다보는 긴 여정 속에서 역사의 아픔을 내색하지 않고 상처를 품어 안는 듯하다. 파리는 새로운 시대에 맞으면서도 아픈 추억과 함께 옛것을 품고 이를 머릿돌로 삼아 자기만의 변화를 만들고 쌓아가면서 자연과는 다른 도시의 아름다움을 만들어 간다.

오래전부터 익숙한 풍경이 새삼 새로운 느낌으로 들어오는 것은 시간이 쌓이면서 만들어 낸 새로운 감정과 세월의 깊이가 있는 사색이 더해지기 때문이다. 우리 몸은 사물을 보는데 다양한 신체 부위를 사용하게 된다. 물론 본다는 것은 시각이 주로 작동하는 것이지만 인간의 본성인 심미안도 작용하고 현재 마음의 상태도 시각적 이미지를 수용하는데 주요한 도구가 된다. '아름다움은 사물을 보는 사람의 눈에 있다'라는 말처럼 아름다움은 개인감정의 개별성과 주관적 미적 가치로 각각 다른 감흥의 아름다움을 체험한다. 그래서 개인의 역사 안에서 시간은 그냥 흘러만 가는 것이 아니라 매 순간 감성의 씨실과 날실이 엮어지면서 거대한 추억 태피스트리로 아름다움을 만들어 낸다. 그러므로 아름다움은 미의 보편적 가치와 함께 개인의 세월이 짜낸 감정의 결로 만들어진 주관적 미적 취향이 어우러져 매 순간 새롭게 느껴진다. 세월로 짜인 감성 자료에는 개인의 교육자본, 문화자본이 복합적으로 잘 섞여 개인의 미적 심미안이라는 프리즘으로 형성된다. 혹자는 이러한 시각의 차이를 관찰자의 상상력이라 하지만 상상력이라기보다는 다양한 학습 체계로 형성된 개별적 심미안이다.

아름다움을 수용하는 것은 이러한 개인의 문화적 체계뿐만 아니라 개인이 지닌 마음의 수용성도 중요한 요인이 된다.

외형적으로 끊임없이 변화되는 장소에서는 이러한 시간의 연속성과 개별성이 주는 느낌을 받기가 어렵지만 도시의 변화가 거의 없이 옛것들이 잘 보존된 파리는 도시의 변화가 주는 새로움이 없는 대신 세월과 함께 만들어지는 각자 마음속의 두터운 감정의 결 덕분에 매번 새로운 감흥이 이루어지는 곳이다.

아름다움을 잘 느낄 수 있는 또 다른 하나는 늘 그리워했던 것들, 부족하다고 느꼈던 것들이 채워지는 순간이다. 감옥에 갇혀 파란 하늘을 못 보는 사람에게 파란 하늘의 아름다움이 늘 하늘을 대하는 사람들의 감흥과 비교할 수 없을 만큼 큰 것처럼. 언뜻 영화 '쇼생크 탈출'의 한 장면이 선명하게 머리로 들어온다. 영화의 주인공 앤디가 어느 날 수감인들을 위해 스피커로 틀어준 오페라 피가로의 결혼 '편지의 2중창'인 이 곡은 영화의 배경 덕분에 음악이 인간에게 선사한 최고의 아름다움으로 기억된다. 음악을 들으면서 내레이션을 하는 모건 프리먼(Morgan Freeman)의 대사가 압축되고 응집된 언어로 이 아름다움을 표현하고 있다.

"난 지금도 그 이탈리아 여자들이 뭐라고 노래했는지 모른다. 사실은 알고 싶지 않다. 모르는 채로 있는 게 더 나은 것도 있다. 난 그것이 말로 표현할 수 없는, 가슴이 아프도록 아름다운 얘기였다고 생각하고 싶다. 그 목소리는 이 회색 공간의 누구도 감히 꿈꾸지 못했던 하늘 위로 높이 솟아올랐다. 마치 아름다운 새 한 마리가 우리가 갇혀 있는 새장에 날아 들어와 그 벽을 무너뜨린 것 같았다. 그리고, 아주 짧은 한순간 쇼생크의 모두는 자유를 느꼈다."

대사뿐 아니라 아리아를 듣는 감옥 수용자들의 표정이 너무나 진하고 굵게 관객들의 머릿속에 각인 되어 있어 오랜 시간이 지나도 그 장면과 음악이 마치 방금 들었던 것처럼 생생하다. 시각적 이미지가 아닌 청각으로 울리는 마음과 인간이 지닌 예술의 욕구가 얼마나 강한 것인지 잘 보여 주는 장면이다.

아름다움의 보편적 가치에는 선함과 편안함이 있어 인간을 위로하고 행복을 선사하면서 삶을 지탱할 힘을 준다.

인생은 완성된 결과를 기대할 수 없고 늘 문제를 풀어가는 연습의 연속이라고 한다. 이견 없이 공감이 가는 말이다. 연습은 반복성으로 인해 지루하고 신명나지도 않다. 그러나 늘 같은 템포로 이어지는 들숨과 날숨에 이러한 주변의 아름다움이 들어오면 우리는 삶을 지탱할 수 있는 에너지를 얻게 된다.

감옥 수용자들이 그리워한 자유의 하늘과 같은 느낌은 아니지만 파리를 오래전에 떠나 가슴 저리도록 그리워했던 사람들은 저린 가슴의 농도만큼 아름다움에 취하게 된다.

파리의 아름다움은 음악과는 다른 화려함, 우아함, 웅장함 그리고 때론 보이지 않는 곳에서 숨어있는 아름다움으로 아프고 힘든 인생이지만 살만하다는 용기와 살아낼 수 있는 기운을 준다. '이 또한 지나가리라'는 솔로몬의 지혜가 문자로 우리를 위로한다면 파리는 자신의 아름다움으로 이방인까지 위로한다.

특히 이방인이 느끼는 아름다움은 이곳을 터전으로 삼고 사는 사람들과는 다른 감흥으로 아름다움에 깊이를 더한다.

이방인들의 낯섦, 외로움과 같은 감정은 군중 속에서의 고독과 함께 자신도 모르게 겸손으로 변화된다. 도시의 화려하고 멋진 아름다움은 이방인의 낯섦, 외로움을 포용하고 아픔을 보듬어 치유한다. 이러한 경험들로 이방인들은 이 아름다움에 자신을 내려놓고 몸을 낮추면서 '모든 아름다움은 '겸손'에서 시작된다'라는 토마스 아퀴나스(Thomas Aquinas)의 말을 온몸으로 경험한다. 거대한 도시의 아름다움을 통해 인간의 작은 모습을 돌아보게 되고 예술의 경이로움에 다시 한번 머리 숙이는 겸손을 체화해 간다.

겸손을 통해 아름다움을 발견하는 또 다른 방법은 시야를 넓게 펼쳐보는 거시적 관찰로 이 세상의 작은 일부에 지나지 않은 자신을 바라보면서 겸손을 학습하고 장자 철학을 실천하는 것이다. 개체성에 집착하기보다는 전체성을 기준으로 인식되는 개체적 존재성을 인식하게 되면 많은 잡다한 감정들을 정리할 수 있어 삶의 무게가 무겁게 느껴질 때 이 방법을 사용하면 삶이 조금은 가벼워지는 느낌이 든다. 이러한 거시적 시각으로 파리를 보게 되면 이 도시는 거대한 하나의 미술관이 되어 우리 안의 지적, 미적 욕구를 건드리면서 삶의 무게를 거두고 아름다움의 축을 키워준다.

나이가 들면 삶의 무게가 가벼워지고 많은 것을 내려놓게 되지만 모든 이가 다 그런 삶의 경량을 경험하는 것은 아니다. 낭비되는 감정이 없게 감정을 비워내고 주변의 작은 아름다움을 찾아 부질없는 감정의 자리에 작지만 소중한 인생의 아름다움을 대신 앉혀 놓는 작은 노력이 필요하다. 아름다움은 개인이 발견하는 것이라는 말과 같이 맛있는 음식을 찾듯 주변의 작은 아름다움을 찾아가는 시각 투어는 미각과는 다른 차원의 즐거움을 준다.

'미드나잇 라이브러리' 책에서 저자는 '인생은 이해하는 게 아니야. 그냥 살아가는 거야'라고 수많은 철학자들을 향해 일침을 가하고 있다.

맞는 말이다. 어떻게 그 복잡하고 난해한 인생을 이해할 수 있겠는가? 그냥 주어진 오늘에 충실하면서 살아가는 거다. "Carpe diem"을 좀 더 긍정적인 방향으로 유도하면서 오늘을 살아가는 것이다. 존재의 이유를 찾기보다는 존재의 방법을 찾아 보는 것이 더 현명하다.

이러한 다양한 철학적 사색을 끌어내는 파리의 아름다움을 생각하면서 18세기에 형성된 파리의 아름다움이 21세기를 사는 우리에게 주는 메시지는 과연 무엇인지 예술이 주는 역사적 메시지에 생각이 머문다.

파리의 예술성이 주는 메시지는 투명하고 정직한 도시의 역사성과 과거와 현대의 조화로 이루어지는 시대 간의 연대성이 아닌가 한다. 파리의 시각적 아름다움은 소유나 시샘의 대상이 아닌 누구에게나 열려 있는 보편적인 호사이며, 파리는 누구에게나 예술을 알려주는 친절한 큐레이터 역할로 예술 초보자들의 동반자를 자청한다.

파리는 수많은 역사적 사건과 무수한 인간의 이야기를 부끄러워하지 않고 은폐하지 않으면서 정직하게 품어내는 아름다움이 배어 있다. 또한 파리의 수많은 건축물은 아픈 역사와 슬픔의 시간을 외면하지 않고 오히려 이런 아픔을 기쁨의 기억들과 함께 품어 안으면서 당당하게 우뚝 서 있는 기품으로 아름다움을 더한다.

과거를 뒤로하고 성장과 발전을 추구하는 미래의 메시지보다는 과거를 보존하면서 역사를 만들어 내는 파리의 아름다움은 세월의 아픔을 이겨내고 내적으로 성숙한 인간의 얼굴에서 느낄 수 있는 완숙한 인간미와 같이 세월 속에서 쌓아진 깊고 농후한 내면의 아름다움이 외형의 미를 더 돋보이게 한다.

건축 양식의 교과서를 펼쳐 놓은 것과 같은 파리의 다양한 건축 양식들의 조화는 그냥 얻어진 것이 아니다. 과거의 건축을 보존하는 방식의 핵심은 건축의 관용이다. 옛 건축물에 오늘의 건축 양식을 접목하고 지역적 환경을 최대한 활용하는 이 포용의 방법은 과거의 건축에 현대미술이 접목되면서 재생산되는 아름다움으로 세대가 연대 될 때 나타나는 평화로운 안정감에 따뜻한 정서가 추가된다. 옛 루브르 궁궐에 건축된 유리 피라미드의 조화, 건축골격을 최대한 숨기고 외관의 화려함을 극대화한 파리 시청 건물과 이곳에서 멀지 않은 곳에 건축골격을 그대로 노출한 듯한 퐁피두 센터의 조화는 통일성을 밀어내고 등장한 건축의 톨레랑스(Tolerance)로 다름이 함께 공존하고 연대할 때 비로소 완성되는 아름다움으로 시대 간 연대성의 가치를 알려준다. 이러한 연대는 지역 인프라와의 연대로 확장되어 파리 곳곳의 건축물들은 인접한 지역의 자연 배경과 잘 어울려 파리의 화려함은 서로를 배려하는 우아함으로 사치의 경계를 넘지 않는다. 서울 도심에 있는 옛 궁과 궁궐 건축의 단순함과 고요함이 복잡한 현대도시를 진정시키는 음, 양의 조화가 있다면 파리의 아름다움은 과거와 현대의 조화로운 공존과 다양성의 화합이다. 이러한 다양한 것들의 조화와 연대는 고전의 규범으로 예술을 발전시키는 동력이 되어 현재에 머무르지 않고 미래를 만들어 낸다.

시간과 함께 깊어지는 파리의 보편적인 아름다움에 관객의 감정과 시각의 변화로 바라보는 개별적 미적 시각이 더해지면서 파리는 이 도시를 떠나기도 전에 이미 그리워지는 지독한 사랑을 품고 있다. 아름다움은 사물의 진정한 가치를 볼 수 있는 마음으로 느껴지는 것으로 아름다움의 경험은 장소와 사물 안에 내재된 미학을 감지하는 개개인의 주관적 심미안으로 단단해지면서 알차게 쌓여 간다. 찾아올 때마다 다른 감흥과 감동을 선사하는 파리의 아름다움은 늘 기대를 저버리지 않아 파리를 떠나기 전에 이미 다음 방문의 설렘이 마음에 가득 들어찬다. 오래된 과거의 시간이 현재의 시계 안으로 들어와 데자뷔를 동반하면서 다중경험을 축적하는 또 다른 새로운 시간을 만들어 줄 것이라는 기대도 더해진다. 분명 파리는 이방인을 홀대하지 않고 오히려 자신의 아름다움에 따라올 관객의 개별적 아름다운 감상을 기대하면서 이방인을 환대할 것이다. 그래서 모든 이방인은 '파리는 움직이는 축제이다' 라고 표현한 헤밍웨이(Hemingway)의 행복감에 동승하게 될 것이다.

# 작은 아름다움,
# 겸손하고 대견한
# 파리의 골목길

*Walk around Paris through the humanitiesris*

**18세기** 오스만 남작의 도시개발로 완성된 파리의 방사선 도로 형태는 쭉쭉 뻗은 모습으로 계획적이고 효율적인 교통과 세련되고 정돈된 도시화를 자랑한다. 파리 개선문이 세워져 있는 샤를 드골 광장(Place Charles de Gaulle)을 중심으로 12개의 큰 대로가 방사선 형태로 뻗어 있어 파리의 화려함을 자랑하면서 모든 이들의 여행에 대한 로망을 부추긴다. 그러나 파리의 정서는 이러한 대로보다는 대로 뒤편에 옛 모습을 간직하고 수줍게 숨어있는 작고 구불구불한 골목길에서 더 진하게 찾아볼 수 있다. 미로와 같은 골목길을 헤매다 보면 골목길 끝에는 반가운 출구와 같은 광장이 몰래 숨어서 기다리고 있었던 것처럼 얼굴을 내민다. 광장은 이곳으로 연결된 여러 갈래의 골목길 모두를 한 번에 흡수하는 듯하면서도 역으로 광장이 품고 있는 모든 것들을 여러 갈래의 길로 나누어 주는 듯 주변의 작은 길들을 적절히 통제하고 연대하는 넉넉한 맏형과도 같다. 넓었다 좁아졌다를 반복하면서 광장과 골목이 만들어 내는 길의 리듬은 뚜벅뚜벅 도보 여행객에게 잔재미를 선사한다.

골목길은 오랜 시간을 잘 간직하면서 자신의 낡은 모습과 초라함을 부끄러워하지 않고 당당한 자긍심으로 여행객들의 나약함에 용기를 준다.

파리의 골목길 안에 올망졸망 모여있는 작은 가게들은 마치 다양한 색깔로 상자 안에 나란히 붙어있는 크레파스와도 같다. 이런 모습의 골목이 들려주는 언어는 단순하고 건조한 단문이 아니라 다양하고 정겨운 형용사의 미사여구가 가미된 즐거운 문장으로 인생의 아름다움을 잊지 않게 한다. 그래서 파리의 골목길은 걸으면 시간 가는 줄 모르고 읽게 되는 재미있는 책 속을 산보하는 기분이다. 편안한 문장, 위로하는 문구, 다정하고 깊이 있는 글과 같은 골목길의 다양한 정서는 마음을 안정시켜 주는 포근함을 주어 골목길을 빠져나오기를 주저하게 만든다.

돌로 포장된 비뚤어지고 굽어진 골목길은 허리 굽은 할머니의 인자한 마음처럼 보행자들을 보호해 주는 것과 같고 돌길 덕분에 안단테로 조율된 보행속도는 이러한 편안함에 한몫을 더한다. 숨바꼭질에 최적화된 이런 골목길에서 어릴 적 숨바꼭질의 재미도 덤으로 불러올 수 있다.

'물건을 잃어버리는 것은 낯익은 것들이 사라지는 일이지만, 길을 잃는 것은 낯선 것들을 새로 맞이하는 것이다'라는 리베카 솔닛(Rebecca Solnit)의 말을 골목에서 몸으로 체험한다.

골목길의 매력은 길을 헤매어도 두렵지 않고 오히려 뜻밖에 새로운 길을 발견하면서 지형의 리듬을 느끼는 것이다.

파리에는 숨어있는 골목길이 많아 마음먹고 찾아보고자 하면 골목길 산책을 얼마든지 즐길 수 있다. 파리의 중심 지역인 5구와 6구에는 예전 골목이 비교적 잘 보존되어 있다. 6구 지하철 오데옹(Odeon)역에서 내려 남쪽 센강으로 가는 여러 갈래의 골목길들은 센강뿐 아니라 5구 소르본 대학이 있는 라틴 가로도 연결이 되어 있다. 오데옹역을 나와 길 건너편 아무 길로나 들어서도 파리의 오래된 정취들이 골목 안

가득 배어 있다.

　다양한 미술품들이 전시된 미술갤러리, 옛 서점, 오래된 필방, 오래된 향수 집, 16세기 몰리에르 연극이 재연될 것 같은 연극복을 파는 상점까지 골목 안은 예전의 파리 색으로 가득 칠해져 있다. 생 앙드레 데 자르(Rue Saint Andre des Arts)의 골목길은 골목의 울림이 아리아의 음폭을 적절하게 잡아주어 가끔 성악가들의 멋진 아리아를 들을 수 있는 장소이다. 뉘엿뉘엿 석양이 지는 어느 날 저녁 골목길에서 들은 오페라 아리아 한 곡의 음률은 마치 하늘에서 내리는 단비가 온몸을 덮어 주는 것과 같이 소리가 몸으로 느껴진 감동 그 자체의 시간이었다.

　이 골목길 옆에 도핀 골목길(Rue Dauphine)은 많은 갤러리가 밀집해 있어 다양한 그림들이 골목의 품격을 높인다. 짙은 회색빛의 골목길은 화랑에서 번져 나오는 갖가지 미술품의 색들을 더 강조하는 효과를 주면서 잘 어울려 있다. 이 화랑길을 걸어 대로로 나오면 바로 센강이 눈앞에서 흐르고 있어 골목에서 느꼈던 잔잔한 여유로움이 강물과 함께 확 트인 해방감으로 전환된다.

　이곳의 반대편 북쪽 골목길을 빠져나오면 고급스러운 명품이 즐비한 생제르망 대로(Boulevard Saint Germain)가 나오고 이 대로의 다른 편 뒷골목으로 들어서면 오랜 세월로 기울어진 낡은 건물, 세월의 시간을 잔뜩 담고 있는 목조건물의 미술관, 지금도 물이 졸졸 나오는 작은 동네 샘물터들이 골목 안에 모여 있어 시간이 과거로 순간 이동된 기분이 든다.

　방향을 소르본 대학이 있는 라틴 가로 이동하면 소르본 대학을 지나 팡테옹(Panthéon)을 끼고 숨어있는 무파드(Rue Mouffetard) 의 좁은 골목길이 등장한다. 이 골목길은 일요일 동네 장이 서는 곳으로 골목 양쪽의 채소, 과일 가게, 치즈 집, 정육점, 꽃집까지 아주 오래된 시장이지만 젊은이의 혈기만큼 시장의 분위기가 튼실하고 활발하다. 골목길 끝에 있는 성당에서 일요일 미사를 알리는 11시 종소리까지 울리면 일요일의 여유로움과 따뜻한 온기가 가득해진다. 여기에 이 골목 카페의 커피나 크레프의 냄새가 얹어진 골목길의 향기는 무파드 골목만의 정서를 만든다. 이 골목은 사람들만이 정서를 느끼는 것이 아니라 골목길도 마치 자기 공간을 이용하는 사람들과 함께 다소 흥분되어 들떠있는 듯하다.

이곳뿐만 아니라 파리의 많은 골목길은 오래된 상점들이 여전히 건재하고 있어 이들의 시간 흔적이 골목 안의 정취를 만들어 낸다. 과거 파리 서민들의 일상에 필요한 빵집, 식료품점은 물론 필방, 비누, 향수 매장들은 물건이 지닌 역사성과 장인의 품격을 고스란히 지키면서 골목을 이용했던 소시민들의 발걸음까지 간직하고 있다. 19세기 소설의 배경은 오늘날에도 파리의 건물과 골목길 안에서 자기의 자리를 지키고 있다. 에밀 졸라(Émile Zola)의 여러 작품에는 이런 골목길 배경이 자주 등장한다. 소설 속에서 상상만 했던 골목길을 걷노라면 에밀 졸라 소설의 주인공들이 어디엔가 숨어있는 듯 소설 내용이 오버랩 된다. 소르본 대학의 골목길을 걸을 때는 사회학의 대가 에밀 뒤르카임(Émile Durkheim)과 그의 조카인 마르셀 모스(Marcel Mauss)의 연구와 학문적 갈등을 상상하면서 그들이 걸었던 길을 걷고 있는 자부심까지 느껴진다. 많은 상상력을 자극하면서 벤저민 버튼의 거꾸로 가는 시계처럼 역사를 뒷걸음칠 수 있는 이런 골목길들은 노후되어 피해 가고 싶은 길이 아니라 두런두런 옛이야기가 들려올 것만 같아 일부러 들러 지나가고 싶은 길이다.

정확한 위치 추적을 가능케 한 과학의 발달로 구글 지도는 모든 뒷골목까지 상세히 안내해 주고 있어 이제 골목을 헤매는 일은 없게 되었지만 잠시 스마트폰의 존재를 잊고 골목의 좁은 길로 들어서 발길 닿는 대로 다녀보는 체험은 익숙한 것에 길들어 있는 신체의 긴장감과 인간의 노마드 본능을 일깨운다. 걷는 행위는 몸을 건강하게 해 주지만 걸으면서 머릿속의 많은 것들이 정리되면서 얻는 심리적 안정감도 있다. 새로운 길을 걷는 것은 지리적으로 익숙해진 내 몸에 새로운 환경의 긴장감과 약간의 호기심 그리고 작은 흥분으로 새로운 지리적 환경에 적응하는 새로운 감각을 만들면서 심리상태도 점검하는 심리적 리셋을 동반한다.

골목과 대로를 반복적으로 걷다 보면 작은 공간이 주는 안락함과 넓은 공간의 해방감이 적절하게 어우러져 지루하지 않은 기대감으로 활력이 솟는다.

대로가 권위를 나타내는 과시적이라면 골목은 소시민의 애환과 기쁨이 있는 삶과 밀착된 겸손함이 있으며, 대로가 젊은이의 세련됨이라면 골목은 연륜과 경험 그리고 수용의 감성을 지닌 편안함이 있다. 자로 잰 듯 기하학적으로 반듯한 모양보다는 세월과 함께 깎이고 휘어진 담장 사이로 난 좁은 길은 허리 굽고 주름살 얼굴 가득한 노인의 모습이다. 개방성보다 밀폐된 공간의 안정감과 연결통로가 주는 연대감과 친밀감은 큰 대로에서 찾아보기 힘든 정겨움이 있어 골목길에서 스치는 만남은 두렵지 않고 친밀하다.

골목은 닫힌 듯 열려있는 두 개의 다른 공간을 연결하는 통로로 자신만의 이야기와 이미지를 지니고 있다. 또한 골목의 미학은 대로의 화려함을 부러워하지 않는 작은 겸손함이다. 자신의 소박함에 만족하면서 작은 존재성의 자부심으로 시간을 흡수하고 있는 골목길은 잘나지도 않고 내세울 것 없지만 열심히 살아가는 소시민들의 자화상과도 같다.

골목길은 공간은 좁지만 인간의 정서가 농축된 정서 생태계의 소왕국이다. 골목은 골목 안 사람들은 물론 지나가는 나그네의 정서와 감성을 흡수하면서 인간의 희로애락을 구석구석에 간직하고 있다. 골목길 돌바닥과 비스듬하게 세워진 벽 안에는 과거와 현재의 생활과 문화가 겹겹이 쌓여있고 이 속에서 재깍재깍 시간의 연속성이 이어지고 있다. 그래서 파리의 골목길은 역사 속에 기록된 많은 시간과 서민들의 정서, 감정을 읽을 수 있는 곳이다. 구불구불하고 다양한 형태의 길을 걸으면 사고의 유연성은 물론 다양성을 체화해 갈 수 있다.

골목길 산책은 삶의 속도를 조절하는 곳인 동시에 작은 것과 소외된 것들의 미학을 알게 되는 곳이다. 리베카 솔닛(Rebecca Solnit)은 땅이 변형되면 생각도 변형된다고 했듯이 회색 도시가 만드는 지루하고 획일적인 생각을 작고 좁은 골목길이 무한한 생각의 세계로 우리를 데리고 간다. 골목은 자신의 크기와는 다르게 깊고 넓은 사유의 공간을 선사하는 너그러움과 후함이 있다. 누군가는 파리에서 도시의 방랑 기술을 배웠다고 한다. 파리의 골목길을 알고 있다면 이 방랑은 차갑고 외로운 방랑이 아니라 따뜻한 동행이 있는 방랑이 된다. 온기를 품은 방랑은 즐거운 철학적 사색을 부른다.

'걸어야만 명상을 할 수 있다'고 말한 장 자크 루소(Jean-Jacques Rousseau)와 '우리에게 너무한 세상을 잠시나마 잊기 위해 걷는다'라고 한 윌리엄 워즈워스(William Wordsworth)의 경험들은 대로보다는 골목길에서 더 집중된다. 골목길을 산책하다 보면 작고 좁은 길을 구경하는 것이 아니라 골목과 대화하는 나를 발견하게 된다.

철학과 사색의 요람과도 같은 파리의 골목길은 18세기 대대적인 파리 도시계획에서 배제된 곳이지만 오히려 그런 소외가 오늘날 골목만의 가치를 만들었다. 변화에 연연하지 않고 운명을 받아들이면서 자신의 자리를 지킨 보람이 마치 새옹지마와 같은 우리의 인생을 닮았다.

18세기 파리 재정비 사업은 도시환경을 개선한 것이 아니라 도시 전체가 모두 파헤쳐지고 재구성된 대대적인 공사였다.

도시계획은 제일 먼저 거리의 재정비로 시작이 되어 많은 골목길이 사라져 갔다. 콜레라가 유행했던 시기 파리의 골목길은 '벌레가 과일 속에 파고들어 만들어 낸 구불구불한 길과 같다'고 표현할 정도로 심각한 수준이었기 때문에 정비사업 타깃 1위가 되었다.

개선문을 중심으로 방사형 거리가 정비되고 파리 곳곳에는 긴 대로들이 만들어져 파리의 대동맥이 등장하였다. 더러웠던 골목길이 대로로 넓혀지고 기하학적 도시가 완성되면서 근대의 파리는 이미 현대화를 리드하고 있었다. 그러나 이 과정에서 35만 명의 파리 사람들은 파리를 떠나야만 했다. 이는 시민 생활 개선, 환경 회복, 도시 재생을 목표로 공공이익을 실현한다는 명목으로 정부가 토지수용권을 행사해 우선 파리의 빈민거주지역을 해체했기 때문이다. 도시 재생은 늘 은폐된 정치적 목적을 갖고 있다. 파리 시민들의 안정되고 위생적인 주거환경을 목적으로 내세웠지만 사실 이 이면에는 나폴레옹 3세의 정권 장악에 반대하는 시위대를 통제하는 바리케이드를 치기 위해 도로 폭을 넓게 정비했다는 이야기도 있다.

어찌 되었든 도시 재생으로 탈바꿈한 도시의 모습은 국가의 위엄을 대변하는 것처럼 화려하고 거대하였지만, 소시민들의 역사와 작고 검소한 것들을 무자비하게 소멸시켰다. 보편적인 선진화의 가장 큰 피해는 도시의 골목길로, 이 길들이 해체되고 소멸하면서 소시민의 정서도 함께 사라진다.

도시화, 현대화로 재정비되고 깨끗해진 파리의 변모에 당시 대부분의 파리 시민은 물론 많은 지식인도 호응하지 않았다. 작가들은 파리시의 재생 사업이 파리와 파리의 역사를 빼앗아 가고 있음을 글로 표현함으로써 대중의 마음을 대변했다. 루이뵈요(Louis Veuillot)는 파리를 '추억이 없는 정신이 가득 찬 곳, 눈물 없는 심장을 가진 곳, 사랑 없는 영혼이 가득한 곳, 뿌리 없는 군중의 도시, 언제라도 쓸어 버릴 수 있는 인간쓰레기 더미', '너는 성장하여 세계의 수도가 될 수 있겠지만 너에게 시민은 절대로 없을 것이다'라고 매우 강하게 비판하였다. 에밀 졸라(Émile Zola)는 파리를 '투기의 대상, 모든 것을 집어삼키는 탐욕의 제물로 전락한 도시'로 표현하였고 빅토르 위고(Victor Hugo) 역시 진정한 파리의 상실을 슬퍼했다. 또한 한 영국인은 '일, 이주가 지나면 파리라는 역사책에서 또 하나의 낱장이 찢어질 것이다'라고 파리의 재정비를 역사의 소멸로까지 표현하였다.

작가들뿐 아니라 도시를 여유롭게 산책하는 근대 도시인인 플라네르(Flâneur)들에게 골목길의 해체는 하나의 상실이었다.

오늘날 많은 대도시의 도시계획사업들은 19세기 파리의 재정비 사업의 데자뷔가 되고 있다. 서울의 도시 재생사업 역시 19세기 파리를 연상케 한다. 1970~80년대 판자촌 철거로 시작하여 1990년대 달동네에 들어선 회색 상자와 같은 콘크리트 아파트, 신도시와 뉴타운의 등장 등등…. 우리의 도시 재생은 공장에서 대량으로 찍어내는 상품과 같이 같은 모양의 성냥갑 같은 아파트와 빈틈만 있으면 지어대는 난개발이다. 이 과정에서 서민들은 도시에서 점점 멀어져 갔고 신개발지는 부유층의 전유물이 되면서 젠트리피케이션이 여기저기에서 얼굴을 드러내고 있다.

1960~70년대 우리 삶의 지향점은 오로지 경제 발전과 선진화였다. 낡은 것은 버려졌고 새로운 문화가 들어오면서 전통은 관심의 대상에서 멀어져갔다. 골목길은 선진화 바람으로 부끄러운 존재가 되어 해체되어야 했고 그 자리를 회색의 건물들이 높이 올라갔다. 겨우 생명을 부지하게 된 구불구불 골목길은 자신의 정체성을 빼앗기면서 도시화에서 어색하고 궁색한 모습으로 새로운 정체성을 부여받았다.

파리와 우리의 도시 재생사업은 기존의 것을 살리는 것이 아니라 모두 해체하고 새로 쌓아 올리면서 문화의 과거 역사를 찢어버리고 새로운 텍스트를 입맛에 맞게 써 내려갔다.

새로운 텍스트에는 발전의 개념보다는 박탈과 소외의 개념이 더 많은 부분을 차지하고 있다.

도시 재생사업이 진행되는 지역주민들은 지역환경 개선의 수혜자가 아닌 피해자로 거주지를 옮겨 더 취약한 곳으로 이주해야 하고 이로 인한 상대적 박탈감과 사회적 배제를 경험한다. 이들은 거대한 도시 규모와 자본주의의 헤게모니에서 자신의 삶을 지켜나가고 자신을 방어

할 방법을 스스로 마련해야 하지만 늘 역부족이다. 교통의 발달, 산업의 전문화, 상거래의 편리성 등은 사회연대를 형성하기보다는 지역별로 사회 계층을 구분하고 자본이라는 괴물은 지역의 이동을 강요하고 있다. 이러한 도시환경에서 도시의 소시민들은 생활의 안정을 찾고 인간관계를 이어가는 방법을 스스로 찾아야 하는 숙제를 안고 있지만 사회구조의 틀이 이미 이들을 틀 밖의 아웃사이더로 만들어 놓았기 때문에 빈곤은 악순환되고 사회 계층은 너무나 단단한 벽으로 나누어져 있어 이동 자체를 차단하고 있다.

물리적인 주거환경에는 많은 문화적 요소가 들어있다. 주거 공간 안과 밖의 거리는 하드웨어로 존재하는 것이 아니라 다양한 소프트웨어를 가진 문화환경의 요람으로 인간의 정서와 감성에 깊은 영향을 준다. 그러나 계층 간 이동의 차단과 지역 환경 개발의 차별은 문화환경을 제한하고 정서적 유대보다는 차별과 갈등을 조장한다.

대도시는 선진화를 목표로 도시공학, 도시환경, 도시 재생의 개념을 도입하여 지속적인 개발을 하고 있다. 교통과 행정의 편의성을 추구하는 완벽한 거리의 구획정리는 세련된 도시화를 상징하고 있지만 획일적이고 회색 일색인 아파트와 고층 건물의 공간 속에서 우리는 거의 유사한 사고로 같은 틀의 의식구조를 쌓아간다. 대도시 인구 유입으로 높아만 가는 고층 빌딩 숲은 경제성장을 상징하고 있지만 빌딩 숲의 깊은 골만큼 인간성과 관계의 피폐함도 깊어간다.

인간 신체의 핏줄과 같은 도로들은 끊임없이 순환하면서 인간관계를 형성하는 장의 기능이 있지만 대도시의 도로들은 인간관계의 장의 기능보다는 교통순환의 기능, 상거래 순환의 기능이 압도적이다.

반면, 큰 핏줄의 투명성에 비해 겨우겨우 눈으로 감지가 되는 실핏줄과 같은 골목은 인간관계를 체감하는 온도가 대로와는 다른 감도를 갖는다. 대로는 선진화와 경제성장의 과시라는 목적으로 소시민의 감정에는 관심이 없지만 골목은 이러한 정치, 경제의 헤게모니가 비껴가는 곳으로 인간의 감정을 담아 아늑함과 온기로 대로와 차별화된 따뜻한 정서를 지니고 있다. 이러한 온기는 골목의 시계성에서도 발생한다. 골목은 흘러가는 시간들이 머물면서 시간의 냉기를 덥혀준다. 그래서 현대인들은 발전, 성장, 성공에 대한 압박감을 골목의 겸손함을 통해 치유할 수 있다. 골목은 혁명을 피한 듯하지만 혁명을 품어 안았고, 부를 갖지 못했지만 부에서 배제된 사람들을 품었다.

골목은 주변의 다른 길과의 연결통로인 동시에 마을 사람들 정서의 통로로써 소시민들의 연대를 만들어 주는 확장된 거실이자 사랑방의 기능을 갖고 있다.

인간의 사회계급 차이는 차별로 고정되지만 도로의 차이는 필요에 따라 차이가 지닌 긍정적인 요인으로 도시를 구성한다. 작음과 겸손함이 초라함으로 정의되지 않고 소중한 가치로 존재하고 있는 파리의 골목길이 그래서 대견하고 어여쁘기까지 하다.

이러한 감정이 유난스러운 것이 아닌 것은 오늘날 골목의 젠트리피케이션 현상을 너무나 많이 보고 있기 때문이다.

이 용어는 1964년 영국의 사회학자 루스 글래스(Ruth Glass)가 처음 사용한 것으로 영국 산업혁명 이전의 지주계급을 의미하는 '젠트리'와 변화를 의미하는 어미 '피케이션'의 합성어로 만들어졌다. 생활이 넉넉한 중산층이 낙후된 특정 지역으로 유입이 되면서 일어나는 변화로 일종의 경제적 횡포라고 할 수 있다. 젠트리피케이션은 낙후된 지역의 활성화와 현대화라는 명목을 가지고 있지만 골목상권의 임대료와 부동산 가격의 상승과 같은 경제적 변화는 지역주민들을 밖으로 내모는 사회적 배제와 계층 차별을 강화하였다. 또한 지역 고유의 이미지 보존보다는 획일적인 현대화로 골목의 얼굴을 은폐한다.

이미 오래전 도시 재생의 고통을 치른 파리시는 200년 전 도시의 모습을 유지하면서 이제는 대대적인 도시의 변화보다는 환경에 관심을 두고 있어 현재 파리의 골목길이 대로로 변화될 것을 염려할 필요는 없는 것 같다. 오스만 계획에서 살아남은 골목길은 오히려 오늘날은 파리의 문화유산이 되어 파리 시민과 관광객을 맞이하고 있다. 뉴욕 맨해튼의 빌딩 숲의 분위기와는 전혀 다른 파리의 작고 좁은 골목은 소시민들의 안식처가 되고 파리의 향기를 만들어 내면서 오래된 친근감으로 지나가는 나그네를 맞이하고 있다.

1980년대 초 처음 접했던 파리 골목길은 어릴 적 골목집에 대한 부끄러움을 소중함으로 바꾸어 주었고 작고 초라한 것의 가치를 알려주었다. 획일성과 다양성이 대치되는 접전에서 오도가도 못한 우리네 골목길에 비해 당당히 자기의 자리를 지켜내고 있는 파리의 골목길에서 인생의 작은 교훈을 얻은 셈이다. 아주 아주 오래전 처음 파리의 골목길을 걸어본 사람들은 오늘날에도 그 골목길이 예전의 그 자긍심 그 모습 그대로 우리를 반기고 있는 것을 경험할 수 있다. 골목 안 카페의 손때와 세월로 의자는 더 낡아 보이고 벽에 걸린 포스터가 누런색으로 변했지만 골목을 벗 삼아 골목의 희로애락을 함께 공유하면서 세월을 의젓하게 버티고 있는 골목 안 카페에서 세월의 의연함을 읽을 수 있다.

무서운 속도로 변해가는 현대 사회에서 이렇듯 자기의 자리를 지키고 있는 골목길이 너무 대견하고 기특하다.

시간이 흐르면서 인간이 추구하는 문화적 환경들은 과거의 단점을 현재가 보완하면서 또 다른 미래를 만들면서 순환한다.

시간의 연속성이란 과거와 미래의 단절 분리가 아닌 이러한 순환 체계를 의미한다.

오스만의 파리 도시계획에서 빗겨 가 현대화 대상에서 제외된 이곳이 이제는 대로와는 다른 가치를 지니고 있어 새로운 길의 미래를 알려준다. 파리의 좁은 골목길은 예측이 어려운 불확실한 인생에서 기대하지 않았던 새로운 가치와 희망이 나타나는 인생의 새옹지마와 같이 기대하지 않았던 희망과 위로의 메시지를 보내는 장소이다.

# 후각으로 다시 찾은
# 파리의 시간들

*Walk around Paris through the humanitieshis*

**마르셀** 프루스트(Marcel Proust)는 인간의 자아에 대한 인식은 시간과 함께 사라지고 새로운 시간과 함께 다른 자아를 인식하는 체계를 갖고 있기 때문에 시간을 잃어버린 것이라 했다.

그러나 시간은 잃어버리는 것이 아니라 생체 기억창고 어딘가에 저장된 지나간 시간을 단지 우리가 소환하지 못하고 있을 뿐이다. 시간 안에서 존재하는 인간은 자신의 존재성 즉, 살아있음을 현재 시각으로 확인할 수 있지만 일생 동안 끊임없이 흘러간 시간은 신체 기억창고에 쌓이면서 개인의 역사를 만든다. 시간이 만들어 낸 기억 체계의 역사에는 동일한 것이 없다. 비슷하고 늘 반복되었던 시간들 같지만 순간순간 경험한 사건들, 주변 인물들과의 관계, 일상의 복합적인 감정들이 만들어 낸 시간은 모두 다른 형태로 마치 거대한 레고 작품처럼 쌓여진다. 이 시간 창고의 기억들은 의식 속에서 잊혀 가는 듯해도 실제로는 무의식 속에서 지금의 나를 만드는 중요한 생체자료로 각자의 정체성을 만드는 순환 작업에 동참한다.

마르셀 프루스트가 시간과 공간을 초월하여 잃어버린 시간을 찾아간 여정의 첫 발걸음이 거대하고 중요한 사건에서가 아니라 어느 날 홍차에 적셔 먹은 진한 버터 향의 작은 마들렌 향기에서 시작되었듯이 우리도 추억 속의 소소하고 작은 냄새들이 기억창고의 문을 두드리면서 기억을 깨우고 잊었던 시간을 찾아준다.

어릴 때 엄마가 끓여주시는 고소한 참기름과 미역의 향이 어우러진 미역국 냄새나 작은 오븐에서 구워지는 빵 냄새는 음식이기 이전에 가족의 작은 행복 냄새이다. 그 냄새는 당시의 행복을 소환하여 오늘의 삶에 용기를 준다.

인간의 감각 중에 가장 오래 기억되는 것이 후각이라고 하는데 후각은 단지 냄새에 그치는 것이 아니라 냄새와 함께 한 시간이 깊숙이 배어 있어 후각은 기억의 감각으로 오래 남는다

'기억은 일종의 약국이나 실험실과 유사하다. 아무렇게나 내민 손에 어떤 때는 진정제가 때론 독약이 잡히기도 한다'는 프루스트의 말처럼 과거의 기억들은 우리를 행복하게도 하고 아프게도 한다.

프루스트의 마들렌 향기와 같이 오래된 파리의 추억을 찾아주는 냄새는 백화점 1층의 코를 찌르는 듯한 그 유명한 프랑스 향수 냄새가 아니라 이른 아침 빵집에서 구워 나오는 크루아상과 구수한 바게트 냄새, 일요일 동네 장터에서 구워 내는 전기구이 통닭 냄새, 그리고 지하철 통로의 습습함과 지하철 열차가 품어 내는 퀴퀴한 열기가 섞여 있는 쿰쿰한 땅속 냄새와 같은 일상의 냄새들이다.

파리하면 오래된 지하철 이야기를 빼놓을 수 없다. 1900년에 만들어진 파리의 지하철은 오랜 역사만큼 기관차 차량도 노후되어 걸음이 버거운 숨 가쁜 노인처럼 끼익 끼익 소리를 내면서 출발과 도착을 하는 경우가 다반사이다. 여기에 지저분하고 어두침침한 지하 하수구에서 나오는 냄새, 지하철 기계 냄새가 함께 뒤엉켜 거대한 지하 실린더는 특유의 냄새를 만들어 낸다.

환승역을 오고 가는 사람의 무리, 소매치기의 소굴, 노숙인들의 잠자리 등 화려하고 아름다운 지상의 파리와는 전혀 다른 지하의 세계는

이방인들에게는 낯설고 두렵고 혼란스럽기까지 하지만 파리의 아름다움을 시샘하는 질투심을 어느 정도 진정시켜 주기도 한다.

그러나 이러한 좋지 못한 냄새를 가진 공간을 공학적인 장점을 이용하는 또 다른 파리의 매력이 도사리고 있다. 냄새를 잠재우는 이 매력은 바로 소리다. 지하철의 미로와 같은 통로는 소리의 퍼짐을 막고 적당한 메아리를 만들어 주기 때문에 유명한 성악가, 가수 그리고 외국에서 온 밴드들이 애용하는 장소로 다양한 음악을 들을 수 있다. 물론 아주 높은 수준의 음악을 청취하는 경우는 드물지만 대부분의 연주와 노래는 지하도 통행인들의 마음을 충분히 사로잡는다.

지하철역 냄새와 벽에서 진동되는 소리의 조화는 오랜만에 파리 지하철을 이용해도 전혀 낯설지 않고 기억창고의 문을 열어준다. 환승역 지하통로의 7, 8명의 남미 음악가들의 '앤 콘돌파사' 팬플루트 연주가 짧은 통행시간에 가슴을 파고드는 묘한 정서로 우울한 지하도로를 분주하고 지친 마음으로 오가는 통행인들을 위로한다. 퀴퀴하고 습습한 지하도의 냄새가 오선지 위에서는 나오는 맑은소리에 자신을 숨기면서 남미의 정서에 자신을 양보하고 있는 그 분위기는 오랜 시간이 지난 지금 다시 찾아내는 것은 그리 어렵지 않다.

두려움을 주는 지하철 냄새와는 다르게 우리를 행복하게 해 주는 파리의 냄새 중 하나는 이른 아침 빵집에서 솔솔 풍겨 나오는 버터 향이 가득한 크루아상 냄새이다. 크루아상은 느긋하게 버터를 발라 먹는 바게트와는 다르게 바쁜 아침 시간에 커피와 먹기에 최적화된 빵이다. 버터가 많이 들어가 칼로리 걱정을 하는 사람이면 모를까 아침에 필요한 에너지원으로는 그만이다.

프랑스를 대표하는 빵이라 관광객이면 누구나 한번은 먹어보았을 크루아상이지만 각자가 느낀 작은 빵의 냄새가 준 추억의 시간은 m&n 초콜릿 색만큼 다양하다. 버터 냄새가 주는 고소하고 달콤한 행복감, 부드러운 식감의 편안함, 이국의 호기심 등이 어울려 기억되는 크루아상은 짓눌린 스트레스와 소외감을 덜어주는 플라시보(Placebo) 약의 기능도 듬뿍 담고 있다.

크루아상 못지않게 후각 기억창고에 들어 있는 또 다른 냄새는 일요일 전기 통닭구이 냄새이다. 통닭은 특별한 음식은 아니지만 일요일의 통닭 요리는 작은 성찬과 같다. 일요일 미사 후에 동네 시장 한 바퀴를 돌면서 사 오는 통닭은 일요일 성찬 미사가 집으로 연장된 기분을 느끼게 해 준 음식이다. 너무나 흔하고 저렴한 닭요리를 성찬으로 표현하는 것이 좀 과한 표현일 수 있겠지만 하느님이 천지를 창조하시고 마지막 쉬신 날의 의미로 일요일은 검소한 식사도 행복이 되고 감사가 된다. '먹는 것에 합당한 사람이 되게 하소서(May I be worthy of my meat)'라는 웬델 베리(Wendell Berry)의 '식후기도(Prayer After Eating)'가 유난히 잘 기억되는 날이기도 하다. 고호(Gogh)의 그림 '감자 먹는 사람들과 같이 가난하고 소박하지만 충분한 감사함과 작은 기쁨과 소소한 행복을 주었던 통닭의 냄새는 힘들었던 한주의 피로를 풀고 편안하고 여유로운 일요일 오후 시간의 냄새이다.

파리 동네의 일요일은 대부분의 상점이 문을 닫아 거리가 한산하고 나른하다.

인적이 드문 거리 풍경은 집집마다 식구들이 모여 있다는 암시로 집안의 가족만이 줄 수 있는 안락함의 분위기를 간접적으로 보낸다. 편안함의 색깔이 더해지는 일요일은 패스트푸드가 아닌 슬로우푸드로 긴장감을 해소하고, 만드는 즐거움과 함께 나누는 식사의 기쁨이 어우러지는 이 시간은 문화적이고 사회적인 개인의 문화자본으로 쌓아진다.

음식은 인간에게 절대적으로 필요한 것이고 식욕은 본능적인 욕구이다. 그러나 물질성인 음식에는 음식을 먹는 행위와 음식을 대하는 태도, 식재료의 선택을 통해 다양한 사회적, 문화적, 정치적, 종교적인 요소들이 응집되어 있다.

통닭과 곁들일 야채를 준비하고 이 음식에 어울리는 디저트를 만드는 일요일 식사 준비 시간은 문화자본으로 축적되고 일요일 미사 후의 작은 감사는 종교 자본으로 신앙을 지켜 갈 수 있다. 그래서, 일요일 점심 식사 시간은 가족의 규모에 상관없이 풍성한 추억을 만들어 준다. 오랜만에 들러 보는 파리 동네 장터의 통닭 냄새는 오래전이 느꼈던 그 일요일의 작은 행복으로 지금 우리 가슴 속에 다시 들어와 흐뭇한 여유의 호기를 부리게 한다.

통닭 냄새에 버금가는 또 다른 파리의 추억 냄새는 바로 포도주 냄새이다. 부르고뉴 지방 보졸레에서 첫 수확한 포도주가 시판되는 11월의 파리 냄새는 포도주 냄새라기보다는 보졸레 누보(Beaujolais Nouveau) 출시가 만들어 내는 분위기가 주는 냄새이다. 늦은 가을 파리의 잦은 비로 습습한 도시에 보졸레 출시를 알리는 포스터는 진한 포도주가 쏟아져 품어 나오는 것과 같은 냄새의 착시효과를 준다. 그러나 정말 포도주 냄새는 12월 초부터 시작되는 따뜻하게 데운 포도주인 방쇼(Vin Chaud) 의 냄새로 성탄과 연말 분위기에 안성맞춤이다. 길거리 음식에 인색한 파리는 12월이 되면 갑자기 인심이 후해져 포도주에 계피와 레몬을 넣고 끓인 따뜻한 포도주인 방쇼를 파는 길거리 포장마차가 나타나면서 이 냄새가 12월 초겨울의 파리를 뒤덮는다. 따뜻한 포도주의 계피 향은 칙칙하고 습한 12월의 날씨와 1년 동안 어려웠고 힘들었던 시간을 녹아내는 36도 체온과 같은 따뜻함과 안온함을 동반한다. 또한 자줏빛의 따듯한 포도주색은 성탄의 빨간색과 어울리면서 12월의 색이 거리에 부어지는 느낌이다.

포도주 첫 수확을 알리는 보졸레 누보의 출시는 포도주에 대한 관심보다는 11월 말부터 시작되는 성탄 준비의 예고장과도 같다. 떠나가는 한해를 정리하고 각자의 수고에 보상하는 의미가 더 큰 연말의 분위기를 파리 시민들은 성탄의 기쁨이라는 의미를 도용하여 마음껏 즐긴다. 눈보다는 비가 잦았던 파리의 12월 오후의 풍경은 멜랑꼴리한 우울의 냄새를 가득 머금고 있지만 해가 지면 환하게 밝혀지는 가로등과 거리마다 장식된 크리스마스의 조명으로 은은하고 따뜻한 밀크티 향의 분위기를 낸다. 파리의 화려한 야경은 오렌지 향과 진저의 상큼함이 어우러진 냄새를 동반하면서 멋진 도시의 아름다움을 만들어 내어 파리는 마치 연금술사의 마술과도 같이 시시각각 변한다.

후각은 냄새보다는 후각과 함께한 시간을 더 생생하게 기억하고 있어 후각은 냄새의 감각보다는 기억의 감각이다.

스피노자는 '인간의 기억은 지나간 과거가 기억되지 않고 현재를 생각한다'고 했지만 이런 스피노자에게 과거의 기억이 현재를 만드는 중요한 재료가 된다고 반격하고 싶다.

과거에 집착하거나 얽매어 현재의 시간이 불안한 사람들도 많다. 이들에게 과거는 이미 지나간 시간으로 흐르는 물처럼 흘려보내야 한다고 조언한다. 그러나 그 기억은 지우개로 지우듯 말끔히 지워지는 것은 아니다. 과거의 집착이 아닌 과거를 발판으로 일어서야 한다는 것은 누구나 다 아는 생존 방법이다.

지금 내가 맡고 있는 삶의 냄새와 이 냄새들과 함께한 그 시간 속의 사고와 인식 체계가 의식과 무의식을 넘나들면서 현재의 나를 만들어 주지 않았나? 하는 생각이 든다. 그래서 간단하지만 쉽지 않은 '현재의 나는 과거 내 시간의 총체인가? 라는 철학적 명제 하나를 던진다.

인간이 스스로 시간을 만들어 가는 행위는 존재의 목적을 찾는 행위와 다르지 않다. 사르트르(Sartre)는 저서 '구토'를 통해 인간의 존재성에 대한 철학적 해석을 한다. 인간을 제외한 모든 사물들은 목적을 갖고 만들어지지만 인간은 목적 없이 이 세상에 태어나기 때문에 스스로 그 목적을 만들어 가야 한다는 것이다. 존재의 목적과 존재 방법에 대한 사르트르 개인의 해석이지만 강한 설득력이 있는 철학적 명제다. 인생의 시간은 이 목적을 이루기 위해 개인 역사의 틀로서 존재한다. 신학적인 측면에서 보자면 신이 인간에게 제공한 자유의 시계 공간이다. 신은 이 시간의 활용권을 개인의 완전한 자유권에 맡겼다. 자유권을 활용하는 것은 그 누구도 대신 할 수 없는 철저한 개인의 몫이다. 우리의 삶에는 나름의 인생 목표, 내가 나답게 되는 것에 대한 철학적 사유가 필요하다. 존재에 대한 철학적 사유는 일회성으로 끝나는 우리 삶의 시간적 가치를 인식하게 하여 삶을 의미 있게 하고 우리의 시간은 다양한 호기심과 도전으로 채워져 삶이 지루하지 않다.

인생의 장, 단기 목적에 따라 해야 하는 실천들은 힘든 도전이 될 수도 있지만 즐거움과 기쁨을 주기도 한다. 결과에 대한 성취의 기쁨도 있지만 내가 즐겨하는 것 내가 하고 싶은 것에 시간을 보내는 기쁨은 물질적 보상을 뛰어넘는 스스로에 대한 보상이 된다. 내가 하고 싶은 것, 나를 즐겁게 하는 것은 무엇인가? 많은 젊은이가 존재에 대한 사유가 부족하고 자신의 취향을 찾지 못해 타인의 것을 흉내 내다 무력함에 빠지곤 한다. 그러나 인생에서 늦은 시기는 절대 없다. 최악으로 내일 이 세상을 마감하게 된다고 하더라도 오늘, 지금의 사유와 도전은 오늘 이 순간을 값지게 하기 때문이다.

완성된 삶은 없다. 우리는 끊임없이 완성을 향한 길을 따라가는 미완의 인생을 살고 있기 때문에 결과보다는 과정이 더 소중하다. 목적은 저만치 거리를 두고 손짓만 하고 있을 뿐이다. 목적에 다다르는 순간의 기쁨보다는 목표로 가는 긴 여정의 순간순간에 기쁨을 만들고 즐거움을 찾아 이러한 시간으로 존재를 확인하게 된다.

냄새가 찾아준 잊었던 시간 중에는 과거에 경험했던 총체적 어려움 속에서도 우리를 살아가게 해 주었던 기특하고 고마웠던 시간이 여기저기서 손짓하고 있다.

우리 모두는 한 번도 경험해 보지 못한 이 세상을 맞이하면서 살아간다. 모든 것의 첫 경험은 실수와 오류가 연속되는 개인적 경험, 타인과의 관계 속에서 도사리고 있는 갈등과 오해로 점철된 시간으로 엮어져 있다. 이러한 불안정한 인간의 삶을 긍정적으로 살아갈 수 있는 가장 중요한 원천은 누군가와의 절대적인 신뢰이다. 모든 이가 부정하여도 단 한 명이라도 나를 전적으로 신뢰할 수 있는 사람이 이 세상에 존재한다면 우리는 충분히 살아갈 수 있다. 자녀들은 자신에 대한 부모의 신뢰를 본능적으로 인지하고 누적되는 경험으로 믿음의 뿌리를 내리고 이뿌리는 다른 관계의 열매에 영향을 주면서 이 세상에 대한 신뢰의 큰 나무를 형성한다.

척박한 외딴섬에 떨어져 있다 하더라도 장소보다 함께 있는 사람과 만들어진 신뢰는 그곳에만 머물러 끝나는 것이 아니라 많은 관계 속에서 더욱 그 뿌리가 깊어지는 것 같다.

이론처럼 쉽지 않은 인간관계에서 상처보다는 고마움이 더 많았던 시간을 되짚어 보면 우리가 얼마나 큰 행운을 잊고 살아가는지 반성하게 된다. 인생은 행복한 순간보다는 문제를 해결해 가는 여정이라는 표현에 한마디를 더 붙이자면 문제가 해결될 때의 감사함과 함께 풀어갈 때 느끼는 정서적 유대감을 통해 살아있는 기쁨을 알게 되는 것 같다.

누구에게나 추억을 불러오는 후각의 기억이 있다. 기쁨도 있고 슬픔도 있고 후회도 있는 그 기억은 각자가 지나온 삶의 냄새로 인간의 순수함을 잃지 않게 하는 자연성을 갖고 있다. 인위적이나 자의적으로 맡는 냄새가 아닌 삶의 생활 안에서 자연스럽게 느껴지는 이 감각은 기억 뒤편에 있다가 어느 순간 같은 냄새를 통해 아련한 추억을 불러일으키고 과거를 회상하는 생활 속 명상과 철학적 사유의 도구가 된다. 무모하리만치 용감한 결정, 힘들었던 과거의 시간 일지라도 기억창고 과거 시간 속에 배어 있는 냄새들은 과거 냄새가 주었던 시간을 회상하고 현재에 감사하면서 미래를 희망하게 해주는 시간 열차의 멋진 기관사와도 같다

후각이 찾아준 파리에서의 오래된 시간을 돌아보면 새로운 환경에 나만의 정체성은 고립되어 있었던 것이 아니라 다른 문화에 대한 호기심과 함께 이국의 문화를 흡수하면서 개인의 문화자본을 새롭게 쌓아

간 소중한 시간이었다.

벽돌같이 쌓인 과거 시간의 조합들은 그냥 쌓여 간 것이 아니라 지금의 내 생각, 내 의식구조, 내 가치 체계들을 만드는 작업에 늘 여념이 없다. 이러한 시간 덕분에 오늘의 나는 미래의 나와 강하게 연대 되어 나를 새롭게 만들어 갈 것이다. 그래서 오늘이 소중하고 과거의 소환된 기억이 오늘의 내 삶을 다시 가다듬게 한다.

과거의 크루아상과 같은 일상의 냄새가 미래의 나를 생각하게 해주는 단초가 된다는 것을 알게 되니 작은 후각의 힘이 새삼 거대하게 느껴진다.

무조건의 전진보다는 가끔은 뒤돌아보는 시간과 마음의 여유로움이 있어야 삶의 냄새도 후각으로 들어온다. 막막한 순간일수록 바람이 들어올 수 있는 마음의 공간을 만들어야 다양한 삶의 체취들로 위로받을 수 있다는 것을 먼 길 돌아와 뒤돌아보니 알 수 있었다.

파리의 정체성과 같은 파리의 향기는 파리 서민들의 삶의 냄새가 모두 한 바구니 안에서 잘 혼합되고 농축되어 만들어진 냄새이다. 삶의 체질에서 나오는지 냄새가 습습한 기온과 회색의 날씨와 함께 파리 시민들의 자긍심과 어울려 파리만의 향을 만들어 낸다. 이 향기는 프루스트의 마들렌 냄새처럼 파리에서의 추억을 가진 모든 이들 각자의 과거 파리의 시간을 파리에서뿐만 아니라 다른 곳에서도 파리를 소환하고 파리를 그리워하게 한다.

이런 파리만의 향기와 같이 나만의 향기를 나는 갖고 있을까? 그 향은 사람들에게 어떤 기분과 어떤 추억을 선사할까? 외면하고픈 사건들을 기억하게 할까? 하는 생각들이 또 꼬리에 꼬리를 문다. 모래시계 속모래처럼 빠져나가는 시간을 이제부터라도 나만의 향, 나만의 색을 만들어가는 데 써야겠다는 다짐이 벌써 지금의 시간을 소중하게 만든다.

# 시간을 담고,
# 사람을 품는
# 파리의 카페

**프랑스어로** 카페는 마시는 커피이기도 하고 커피를 마시는 장소이기도 하다. 파리의 카페는 오랜 전통과 독특한 개성으로 하나의 문화를 형성하면서 프랑스인들이 자부심을 느끼는 곳이다. 경제가 호황이었던 '30년 영광의 시절'에 프랑스에는 40만 개의 카페가 있었다고 한다. 오늘날 파리에는 약 3,700개의 카페로 많이 줄어들기는 했지만 그래도 파리에는 카페가 넘쳐나는 것 같다. 우리나라는 최근 10년 동안 카페 수가 급성장하여 지난해 기준으로 서울에만 17,000개가 넘어 파리 카페의 5배가 되는 수준이지만 서울보다는 파리에 카페가 더 많아 보인다. 이러한 눈짐작은 파리 카페만이 지닌 이미지나 분위기로 거리를 걷다 보면 자주 눈에 들어오기 때문일 수도 있다.

파리는 커피를 마실 수 있는 커피 매장의 유형이 매우 다양하다. 앉을 수 있는 공간이 마련된 곳이면 커피는 기본 판매 아이템이다.

일반적인 카페(Café)는 커피와 차는 물론 맥주와 포도주 등 식음료를 판매하면서 점심때는 간단한 샌드위치나 샐러드를 함께 팔기도 한다. 비스트로(Bistrot), 브라쓰리(Brasserie) 라는 곳도 카페처럼 커피도 팔지만 간단한 식사를 할 수 있는 편안한 카페테리아 같은 곳이다.

살롱 드 떼(Salon de thé) 라는 곳은 예전의 살롱 문화를 본 딴 것으로 오후에 디저트와 함께 차와 커피를 판매한다. 이러한 디저트 카페는 유명 셰프들의 끊임없는 재료 개발과 모양의 예술적 창작으로 마치 연금술과 같이 진화하여 프랑스 디저트의 고급화를 이루어 내고 있다. 유명한 파티시에(Pâtissier)들의 실험적인 식재료 사용과 시각예술 수준의 디저트 모양은 입속의 미각뿐 아니라 식탁의 시각적 효과로 인간이 즐길 수 있는 음식의 호사로움을 극대화하여 잠시나마 삶의 무게를 덜어 주는 심리적 치유제의 역할까지 거뜬하게 해내고 있다. 원 모양의 작은 과자인 마카롱은 다양한 색이 주는 따뜻함과 아몬드 가루로 만든 크림과 머랭의 조화로 입안의 기쁨이 마음의 기쁨으로 전해지는 작은 행복을 선사한다. 마카롱의 다양한 색은 크리스마스트리의 초록색과 어울려져 성탄 식탁의 포토제닉 역할도 톡톡히 한다.

지루하기 쉬운 오후 시간을 풍요로운 미각의 세계로 빠져들게 하는 차나 커피 한잔과 어울리는 작은 디저트는 사치라기보다는 대접받는 분위기로 소소한 행복감을 준다. 작은 접시에 얹어진 몇 개의 달콤한 디저트는 행복감만 주는 것이 아니라 차와 식문화에 대한 관심을 갖게 해 주는 지적인 길라잡이의 노릇까지 하고 있어 작은 과자 안에는 너무나 많은 것들이 작은 손짓으로 우리를 유혹한다.

이러한 풍부한 내용을 담고 있는 파리 카페 문화에 지각변동을 우려하는 변화가 있었다.

2004년 초, 파리에 미국의 글로벌 카페 전문점 스타벅스가 들어온다는 소식이 전해지자 프랑스 매체들은 마치 들어 오면 안 될 곳에 들어 오겠다고 선포한 불청객을 맞이하듯이 환영보다는 비판에 대한 이야기를 마구 쏟아냈다. 프랑스의 대표적 일간지인 르몽드지(Le Monde)는 프랑스의 자존심과도 같은 카페 역사와 함께 향후 파리 카페의 지각변동에 대한 우려의 글을 실었다. 파리 카페가 받을 경제적인 타격보다는 미국 문화의 침입이 마땅치 않았던 것이다. 그러면서도 매체들은 파리 카페에는 파리만의 독특한 카페 역사와 문화가 뿌리깊게 자리 잡고 있기 때문에 스타벅스의 생명이 오래가지 못할 것이라는 점을 은근히 시사했다. 이러한 호들갑스러운 반응과 함께 프랑스 파리의 제1호 스타벅스는 관광객이 많이 모이는 오페라 거리(Avenue de l'Opéra)에 입성했고 오픈 초기에는 늘 줄을 서서 기다려 입장하는 진풍경도 있었다. 이러한 풍경은 전 세계 카페 시장을 장악하고 있는 스타벅스에 대한 호기심 때문이기도 하지만 미국 문화에 익숙한 관광객들이 주 고객이었던 이유도 있다.

파리 곳곳을 뚜벅뚜벅 걸어 다니는 관광객들에게는 자신과 같은 관광객이 유난히 많은 이곳에서 동질감을 느끼고 넓은 실내 공간에서 한없이 늘어져 쉬면서 잠시 타지에서의 이질감을 해소하는 공간으로 이만한 곳이 없다.

테이블 배치의 밀도와 인구밀도가 높은 프렌치 카페의 분위기가 타인과의 연대감을 강요한다면 넓은 실내, 안락한 소파를 배치한 스타벅스의 분위기는 사적공간의 확보로 개인의 프라이버시가 보호받는 느낌을 준다. 실내에 있는 사람들의 소리는 방해가 되기보다는 집중이 잘된다는 백색소음으로 이방인들의 휴식은 물론 파리 젊은이들의 도서실로 슬쩍 기능을 추가하면서 조금씩 조금씩 파리 카페와의 공존을 시도하였다. 스타벅스의 파리 입성 이후 19년의 세월이 지나면서 스타벅스 파리 입성 초기 유난스러웠던 반응이 무색할 정도로 파리에는 스타벅스 매장이 상당히 많이 늘어났다. 그러나 스타벅스로 인해 프랑스 카페가 상대적으로 감소하지는 않았다. 파리 시민들은 이 프랜차이즈 커피숍에 열광하지 않는다. 오히려 아메리카 문화에 대한 냉소적인 반응, 무관심, 프랑스 문화의 자긍심 등이 어울려 관광객처럼 오랜 시간 눌러앉아 아메리칸 커피를 즐기기보다는 에스프레소 위주의 프랑스 카페에 대한 사랑이 더 커진 것 같다. 오늘날 전 세계 대부분의 국가는 이러한 글로벌 프랜차이즈 카페를 통해 미국의 식음료 문화를 받아들이고 있지만 프랑스인들은 오히려 그들만의 식음료 문화를 더 강화해가는 것 같다.

프랑스인들의 커피 사랑은 오랜 역사 속에서 이어져 왔다. 1669년 오토만제국의 메흐메 4세(Mehmet IV) 술탄의 대사가 프랑스 루이 14세 왕을 접견할 때 선물로 가지고 온 것이 카페의 첫 역사적 기록이다. 18세기 루이 15세 때는 많은 귀족들이 커피를 즐겨 마시면서 1672년 루브르궁 옆에 파리 카페 1호점이 탄생하게 되었다. 이후 서서히 커피가 대중화가 되면서 1880년 파리에는 4,000개의 카페가 있었다고 하니 이미 이때부터 파리에는 지독한 커피 사랑이 존재했다. 대중화가 되기 전에는 상류층의 기호품인 커피가 사회 계층을 구별했던 도구였으나 점차 대중화가 되면서 이제 커피는 원산지, 품질, 맛, 내리는 방식에 따라 또 다른 구별 짓기를 하는 도구가 되었다. 스위스 제품인 네스프레소(Nespresso)의 커피 캡슐매장은 2000년 초에 파리에 1곳 밖에 없었다. 작은 커피추출기를 통해 내려지는 다양한 향의 고급스러운 커피는 마치 18세기 특정 계층의 커피처럼 특정 집단의 소유물로 대중들의 접근을 차단하였다. 대중들은 캡슐로 인한 환경 오염을 내세우면서 캡슐족이라는 신조어로 이들을 비난했지만 이들 역시 서서히 캡슐 족으로 발을 들이면서 캡슐커피도 대중화가 되었다. 그러나 시간은 돌아 다시 커피의 레트로가 유행하고 있어 캡슐을 외면하고 공정무역을 내세우는 커피 생산지와의 직결 판매를 상품전략으로 내세우고 있다. 이제 커피에는 기호식품의 기능뿐만 아니라 산업 사회의 소비재의 기능도 넓게 자리를 차지하고 있다. 커피콩의 종류보다 더 많은 커피의 종류가 개발되고 카페 매장이 대형화되고 있지만 파리의 카페는 자기만의 색을 잃지 않고 파리만의 카페 문화를 재생산해 가고 있다.

파리가 매력적인 이유 중 하나는 좀처럼 변하지 않는 도시이미지로 18세기의 시간 속에 들어온 것과 같은 분위기를 느낄 수 있기 때문인데 파리의 카페도 예외가 아니다. 사회변화보다는 옛것을 선호하는 이들의 취향으로 18세기 살롱 문화의 분위기를 가지고 있는 카페가 곳곳에서 카페의 자긍심을 보여주고 있다.

구석구석의 작은 램프 등, 오래된 벽난로, 작은 응접 식탁과 의자, 예전의 파리 거리 풍경을 찍은 흑백사진이 걸린 벽 장식, 그리고 은으로 된 커피포트와 커피잔은 시간이 정지된 18세기 살롱의 미장센과 같다. 작은 실내 공간은 오랜 시간이 지나도 늘 같은 파리만의 색을 담고 전통과 문화에 대한 자긍심이 공기처럼 가득 배어 있다. 이러한 카페는 음료의 맛보다는 파리의 전통적인 생활문화가 궁금한 외국 관광객들로 주말 오후에는 입장하기 위해 줄을 서서 기다려야 한다. 오래된 파리의 문화를 즐겨보려는 욕구는 이런 카페 공간에서도 충분히 충족될 수 있기 때문이다.

파리의 레트로 분위기는 실내 인테리어뿐만이 아니다. 커피를 주문하는 방식도 레트로이다.

카페에서는 예전에 가르송(Garçon)으로 호칭되었던 대부분의 남성 웨이터가 커피와 차를 주문하고 서빙한다. 요즈음은 이들을 부를 때 일반적으로 신사을 의미하는 무슈(Monsieur)로 불리지만 간혹 가르송이라는 호칭을 쓰는 나이 든 사람들도 있다. 이들은 차 쟁반을 손에 받쳐 들고 주문을 받으며 서빙을 위해 파리 카페 특유의 좁은 실내 공간을 분주하게 오간다.

1950년대 파리에서는 이런 가르송들이 찻잔이나 포도주잔이 놓인 쟁반을 들고 달리기를 하는 대회도 있었다고 한다. 이제 이러한 경기는 없어져도 하얀 긴 앞치마를 두른 가르송이 있어야 파리 카페의 그림이 완성되는 것처럼 이들은 상징적이면서도 실제로도 여전히 기능하고 있다.

이러한 파리 특유의 카페 문화의 강한 색은 전 세계를 점령하다시피 한 식음료 문화의 아메리카나이즈를 거부한다. 커피의 테이크아웃과 자동화 주문대를 파리에서는 찾아보기 힘들다.

테이크아웃 커피잔을 들고 거리를 걸어 다니는 풍경 역시 전형적인 미국 문화이다. 일회용 커피잔을 들고 거리를 걸어 다니는 이미지는 바쁜 샐러리맨, 성공한 직장인, 아메리칸드림의 전문직 라이프 스타일로 하나의 문화 아이콘이 되었다.

파리에서 이런 테이크아웃의 일회용 커피를 들고 다니는 사람들은 대부분 외국 관광객이며 미국 문화의 선호도가 낮은 프랑스인들은 이런 방식에 관심도 없다.

또한 파리의 카페는 자동화 기계 주문을 거부한다. 기계에 입력된 정보가 판매대로 직접 연결되어 종업원을 줄이고 수익을 극대화하는 시스템은 효율적이고 생산성은 높지만, 관계의 단절로 따뜻한 음료가 차가운 온도로 식어가는 듯한 이 방식을 프랑스인들은 외면한다.

미국 글로벌 회사의 프랜차이즈 방식의 카페가 전 세계의 식생활 양식의 변화를 선도하고 있다. 우리나라도 이런 카페의 세련된 도시적 이미지가 지방까지 확대되어 우리네의 사랑방 문화와 접목되었다기보다는 사랑방 문화를 몰아내고 그 자리를 꿰찬 기분이 든다.

사람을 통한 주문방식, 지역공동체의 공동공간으로 지역 정보의 전파기능을 하였던 사랑방은 서구화된 카페의 익명성과 차가운 주문방식 등으로 교체되어 도시적이고 세련된 이미지를 주고 있을지는 몰라도 예전에 푸근하고 따뜻했던 사랑방의 온기를 몰아 낸 기분이다.

그럼에도 불구하고 왜 우리는 이국적인 것과 선진화에 열광하는가? 사랑방의 온기를 몰아낸 서구화가 우리의 온기를 대신해 주고 있는 것이 과연 무엇일까? 전통에서의 일탈, 예컨대 몸이 기억하는 방식에서 일탈이 주는 생동감을 느끼는 것일까? 정보 홍수 시대에 이미지로 보아왔던 다른 문화에 대한 호기심 때문일까? 커피가 몰고 온 새로운 문화가 많은 생각들을 쏟아낸다.

그러나 파리의 카페는 자기들만의 사랑방을 잘 지켜내고 있다. 여유 있게 자리에 앉아 있으면 주문을 받으러 오는 대면 방식, 커피를 내어 주는 곳에서 서서 마시면서 이루어지는 종업원과 손님과의 대화, 신문을 판매하는 사람의 등장과 함께 짧게 이어지는 세상 이야기 등등… 파리 6구에는 아주 오래전부터 신문 배달 아저씨가 카페를 드나들면서 신문을 팔고 있다. 스마트폰으로 신문을 읽는 시대가 되어 종이 신문이 사라지고 있어도 늘 여전히 여기저기 카페를 돌면서 종이 신문을 판매하고 있는 그가 배달해 주는 것은 신문만이 아니라 이웃의 소식, 과거의 추억, 그리고 사람의 정이다. 그래서 그가 카페에 등장하면 괜히 오랜 친구가 들어온 것처럼 반갑다. 이와 같이 파리의 카페는 글로 벌 카페 문화에 관심 없이 오래 입어서 내 몸에 잘 길들여진 편한 옷에 대한 사랑처럼 낡고 오래된 분위기로 많은 파리 시민의 삶 속에 녹아 있다. 파리의 카페는 정겨움으로 글로벌 카페 문화의 세련됨을 시샘하 지 않고 느린 속도의 시간을 즐기면서 바쁜 시간의 효율성을 마다한 다. 마치 자신의 가치를 알고 자기만의 색이 강한 사람들이 다른 변화 에 관심이 없듯이 파리의 카페는 자긍심으로 자신의 가치를 더 높여가 고 있다.

이러한 자긍심은 카페를 즐기는 방법에서도 그대로 나타난다. 타인 의 평가에 예민하지 않고 자기만의 색깔을 추구하는 프랑스 인들은 직, 간접적인 시선에 연연하지 않고 자기만의 공간과 시간을 즐긴다. 그 래서 파리의 카페는 공동의 공간이지만 개인의 공간기능을 갖고 있으 며 기호식품을 판매하는 상업적 기능과 더불어 사람들의 생활 공간적 기능을 갖는다. 대중들의 공공성과 개별성이 동시에 보장되는 카페의 공간적 기능은 인간의 관계성이 형성되는 사회적 도구의 역할로 이어 진다.

동네의 사랑방과 같은 친숙함, 낯익은 얼굴들과 반가운 조우, 함께 시간을 보내는 이곳은 사회적 동물인 인간의 사회성이 보장되고 형성 되는 곳이다. 반면 바쁜 시간의 속도를 잠시 잡아두고 자기만의 시간 을 가질 수 있는 곳으로 인간의 사회성과 개별성이 미세하게 실현되는 공간이기도 하다. 자기 시간과 자기만의 공간에 대한 욕구와 함께, 타 인과 더불어 살기를 원하고 함께 있음을 확인하고 싶어 하는 인간의 야누스적인 욕구가 실현되는 곳이다. 더불어 카페는 공공장소에서의 개인의 자기 통제를 학습하고 사회규범과 코드를 익혀가는 교육 기능을 포함한 여러 기능이 존재하는 곳이기도 하다.

이방인들에게도 카페는 타인을 의식하지 않으면서 자기만의 자유로운 시간을 즐길 수 있는 동시에 프랑스 인들과 함께 공유하는 공간으로 낯선 거대한 기계 속에 잠시나마 작은 부속품으로 함께 움직이고 있음을 느끼게 해 주는 연대의 공간이다.

의자의 배치가 거리를 향해 지나가는 행인들을 바라볼 수 있는 노천 카페는 인간이 혼자가 아니라 관계적 인간임을 은근하지만 밀도 있게 보여주는 곳이다

실외의 의자 배치는 안으로 시선을 두는 것이 아니라 밖으로 시선을 두게 배치하여 고객의 시선은 모두 거리로 향하게 되고 카페의 공간은 거리로 확장된 개방감이 크다.

혼자 이런 카페에 와서 책을 읽는다거나 신문을 보는 사람들을 보면 카페는 거리로 큰 창이 난 거실이 이동된 느낌도 든다. 높은 집세 가격으로 좁은 아파트에 살고 있는 사람들에게 거리의 카페는 잠시 공간적 해방감을 주는 곳이기도 하다.

밀폐된 공간 안에 비집고 앉아 거리와 단절된 것이 아니라 거리라는 넓은 공간으로의 확장은 업무나 일상의 스트레스에서 벗어나는 정신적 해방감으로 하이데거의 군중 속의 고독보다는 군중 속에서의 해방감을 느끼면서도 군중의 일원이 된 소속감도 준다.

거리로 향한 시선은 작은 공간의 카페에 있다는 생각보다는 거리라는 무대의 관객이 되어 거리의 풍경을 눈과 마음으로 한껏 불러들인다. 이방인의 입장에서는 이국적인 파리의 거리 풍경, 지나가는 파리지

엔느의 세련된 옷차림, 거리 음악가들의 음악, 그리고 멀리 보이는 문화유산들을 커피를 마시면서 느긋하게 즐길 수 있어 비싼 관광버스 투어보다 더 좋은 관광 관람 장소가 되기도 한다.

이러한 풍경은 비단 노천카페에 앉아 있는 사람들에게만 제공되는 것이 아니다. 역으로 지나가는 이들의 입장에서는 거리를 향해 앉아 있는 카페 손님들이 마치 무대에 앉아 있는 배우들처럼 보이고 카페는 하나의 무대가 되어 이러한 무대적 이미지는 행인들에게도 좋은 볼거리가 된다. 이와 같이 카페 안의 손님들과 카페 밖의 행인들은 격리되어있는 것이 아니라 매우 상호적으로 공간을 공유한다. 대화가 오가지 않아도, 같은 장소의 다른 분위기이지만 공간소속감을 통해 은밀하게 형성되는 이 연대감은 시간과 함께 흘러가 없어지는 것이 아니라 공간에 대한 추억 갈피에 한 자리를 차지한다.

이렇게 파리의 카페는 카페를 이용하는 사람은 물론 카페를 지나가는 나그네들도 포용하면서 안과 밖을 이어낸다.

사회 계층이 뒤섞인 공간인 카페는 적은 돈으로 누구나 내 시간과 공간을 가질 수 있는 곳으로 빈, 부를 차별하지 않는 평등한 분위기를 갖고 있어 타인이지만 서로가 하나인 듯 평화로운 시간을 즐길 수 있다.

반면, 카페는 실내 분위기, 실내 인테리어, 식음료 구성에 따라 개개인의 문화적 취향으로 고객층이 범주화되는 곳이기도 하다. 프랑스 사회학자 피에르 부르디외(Pierre Bourdieu)는 저서 『재생산』을 통해 사회 계층별 문화적 취향에 대해 분석하였다. 개인의 문화적 취향은 가족, 부모의 취향을 통해 학습될 뿐 아니라 직업군에 따라서도 구별 짓기를 하고 세대를 이어가면서 재생산되고 있음을 밝혀냈다. 음악이나 미술에 대한 취향도 이 분야에 조예가 깊은 가정의 자녀들은 어릴 적부터 이러한 예술적 배경에 익숙하여 이를 자기만의 예술적 취향으로 학습하는 경우가 대부분이라는 것이다. 단지 음악, 미술뿐 아니라 다양한 생활문화의 취향 역시 대를 이어 재생산된다는 것을 연구 결과로 증명하였다. 취향은 좋고 나쁨이 아닌 개별적 기호이기 때문에 카페의 선호도 역시 카페 공간 분위기를 선택하는 취향에 의해 결정되어 고객층이 범주화되는 장소가 된 것이다. 이와 같이 카페는 통일과 다양, 평등과 차이, 소비와 생산 등 상반된 다양한 개념들이 공존하면서 서로 어울리고 또 해체되는 공간이다.

술이 시야를 좁혀주는 것이라면 카페는 시야를 열어주는 기호식품이다. 커피는 흐름을 인지하고 넓은 시야를 만들어 많은 것을 머리와 가슴으로 흡수한다. 그래서 독서를 할 때는 술이 아닌 커피를 마신다.

커피는 '영양을 취하려는 것이 아니라 향기나 맛 또는 자극을 즐기기 위한 것'으로 정의되는 기호품에 머물러 있지 않고 다양한 사회적 가치를 담고 있다. 작은 커피잔에 담긴 커피는 다른 문화 기호들을 흡수하여 새로운 문화를 만들고 지속적인 변화를 추구하는 매개 역할을 너무나 멋스럽게 하고 있다. 더불어 마시는 행위가 이루어지는 카페 공간은 아고라, 작은 사랑방, 손님을 맞이하는 거실, 문화가 열리는 한마당의 기능을 지니면서 언어가 생산되고 관념들이 소비되는 곳이다.

특히 카페의 언어와 관념들은 문학적 공간을 구성한다. 파리 문학 카페의 으뜸은 레 뒤마고(Les Deux Magots)카페이다. 60년대 사르트르(Sartre)와 보부아르(Beauvoir) 커플, 까뮈(Camus), 푸코(Foucault) 등이 즐겨 찾았던 이 카페는 당시 지성인들의 아지트였다. 1933년 이곳 카페

이름을 딴 레 뒤마고 문학상이 제정된 이후 많은 문학인 지식인들이 이곳에 모여 대화의 주제와 범위의 제한 없는 오고 갔던 아고라이다. 이 문학상은 오늘날까지 운영되고 있으며 최근에는 카페 상호 아래에 문학 카페(Café Littérature) 라는 부제를 붙여 놓았다. 이론가와 실천가, 사회개혁을 주장하는 사람, 사회참여를 외치는 사람들의 의견들이 씨실과 날실처럼 엮이면서 레 뒤마고 카페의 정체성을 만들어 갔다. 지금도 그곳에 앉아 있으면 그들의 뜨거웠던 논쟁이 들리는 것 같고 카뮈와 사르트르의 갈등도 상상할 수 있지만 워낙 유명한 곳이라 늘 관광객들이 붐벼 호젓한 상상의 시간을 즐기기는 쉽지 않다. 그러나 1933년 이후 뒤마고 문학상이 만들어 낸 시간의 역사는 오늘도 이어져 카페에 앉아 있는 사람들의 지적 욕구를 일으킨다.

예술이 이루어지는 장의 기능과 더불어 카페는 공간이 주는 다양한 기능이 집약되어 있다.

문학을 논하고 음악을 공유하면서 동질감과 소속감을 느끼게 되는 카페는 대중들이 애용하는 문화재로서 문화자본인 동시에 사회적 자본의 역할을 한다. 이곳은 뉴스가 소비되면서 생산되는 장소이며 전통문화와 현대문화의 교집합이 이루어지는 공간으로 문화의 대중화를 선도하는 기능이 집약되어 있다. 그러므로 문화적 공간으로서 카페는 문학과 사회적 이슈가 논의되는 공론의 장으로 지적 수준을 높이기도 하고 문화적 취향을 넓혀가면서 문화통합을 유도한다.

또한 사고가 왕래하고 새로운 인식들이 탄생하면서 새롭게 형성되는 다양하고 거대한 문화 콘텐츠는 카페 안에서 다양한 역사를 만들면서 차곡차곡 쌓아져 가고 있다.

홀쩍 지나가 버린 시간을 뒤로 하고 오랜만에 찾은 파리의 카페는 노마드 인생과 같은 우리의 행보에도 늘 한 곳에서 멀리 떠나있는 자식을 기다리고 계신 엄마가 머무는 집과 같이 한자리에서 한결같은 모습으로 옛사람과 새사람을 맞이하고 있다. 아주 오래전 낡은 의자와 작은 탁자, 작은 찻잔은 강산이 바뀌어도 늘 같은 모습으로 제자리를 지키고 있다. 간혹 예전에 서빙해 주던 종업원과 그곳에서 재회하면 놀라움과 반가움까지 함께한다. 오래된 카페는 자기만의 역사는 물론 이곳을 드나들었던 손님들의 역사도 함께 갖고 있어 오랜만에 찾아가도 커피 향과 더불어 과거 추억들을 소환하고 반추하면서 소소하지만 확실한 행복감과 살아있음에 감사하는 기분을 만끽할 수 있다. 변화는 새로운 감각과 세련됨으로 도시적 감각을 만들어 내지만 변화되지 않는 것들은 고유의 색으로 편안함, 익숙함 등의 감성적 안정감을 준다.

인생을 지도로 정리할 수 있었던 것은 시간적 구성이 아닌 공간적 구성물이라는 것을 깨닫게 해 준 곳이 파리의 카페였다는 누군가의 고백은 파리 카페의 공간적 기능을 한마디로 정의하고 있다. 과거의 시간을 반추하면서 카페에서 느끼는 경험들은 마치 퍼즐 조각을 맞추듯 지나간 지도를 만들어 낸다. 그리고 공간에 대한 새로운 인식은 새로운 심미안을 이 공간 안에 들인다.

파리는 대도시 문화를 체험하고 신세대의 문화를 접할 수 있는 동시에 전통적인 생활문화가 세대로 전해지는 유연한 변화를 느끼는 곳이다. 파리의 이방인들은 카페에서 파리의 정서를 마시고 파리지앙의 생활방식을 체험한다.

카페의 작은 공간은 인생의 다양한 모습, 군상들의 미니어처가 작동하는 아주 작은 무대이다. 무엇을 마시고 무슨 이야기를 하고 무슨 옷을 입고 무슨 생각을 하고 어떤 관계를 갖고 이 세상을 살아가고 있는지 이들의 생활문화를 구경하면서 그 문화를 체험하는 작은 소극장이다. 때론 우리도 무대에 올라가 무언가를 보여주었던 단역 배우였을 것이다.

방문객으로, 이방인으로 새로운 경험을 한 곳이지만 반면 이곳에 사는 파리지앙들에게 새로운 이방인의 이미지를 제공했을 것이라는 생각을 하니 우리가 인식하지 못한 채 공간에서 이루어지는 관계적 인간의 은밀한 활동이 새삼 놀랍다.

오랜만에 찾은 파리의 카페는 다 마신 줄 알았던 커피잔에 남은 쌉쌀하고 달콤한 한 방울의 맛과 같았다. 단 한 방울의 맛이 잔을 가득 채웠던 커피의 맛을 고스란히 소환하듯 오랜 시간의 공백이 한순간에 지워지고 늘 이곳에 있었던 기분이 든다. 시간은 소모되면서 소멸하지만 시간이 만들어 낸 과거의 감정들은 시간과 함께 한 공간 안에 축적되어 개인의 역사를 만들어 준다. 특히 파리의 카페는 자기만의 색과 다양한 기능을 늘 한결같이 같은 온도와 같은 리듬으로 갖고 있어 과거의 역사를 오늘의 시간 속에서 반추하면서 작은 행복감을 가득 담아 올 수 있는 공간이다.

시계가 멈추었을 때 얻을 수 있는 위안과 편안함을 고스란히 보여주고 느끼게 해 주는 파리의 카페가 거대 프랜차이즈 카페에 넘어가지 않는 비결이다.

# 욕망을 예술로 바꾼
# 프랑스 요리,
# 뀌진 프랑세즈

음식은 인간 생존에 절대 필요한 것일 뿐 아니라 오랜 역사와 함께 많은 스토리를 만들면서 단순하게 체력과 건강을 유지해 주는 그 이상의 다양한 요소들을 갖고 문화 영역에 중요한 자리를 차지하고 있다.

특히 프랑스의 음식 문화는 식도락에서 벗어나 고급화, 다양화를 추구하면서 고급 다이닝 레스토랑의 정찬 코스요리에서부터 너무 예뻐서 쉽게 손을 대기가 주저되는 디저트까지 음식 문화의 격을 높여왔다. 일반대중들이 매일 즐겨 먹는 삼시세끼에도 강한 자긍심으로 그들만의 식문화를 발전시켜왔다. 고급레스토랑은 높은 가격으로 특별한 날을 기념하기 위해 큰맘 먹고 가는 곳이지만 비교적 접근성이 좋은 동네 작은 비스트로와 가끔 초대받아 가는 프랑스 친구 집의 식사는 프랑스 요리를 맛보고 알아가는 기회인 동시에 이들의 문화를 관찰할 수 있는 시간이기도 하다.

프랑스 음식은 주식인 빵, 엄청난 종류의 치즈, 햄과 같은 육가공 식품, 요리의 수만큼 다양한 소스와 같은 식재료의 풍부함은 물론, 유명 셰프들의 끊임없는 레시피 개발이 가져다 주는 새로운 음식의 미각과 요리의 시각적 효과도 유명하다.

하루를 여는 이른 아침에 빵집에 들어서면 고소한 버터 냄새와 빵 굽는 냄새가 미각보다 먼저 행복의 감정선을 건드린다. 프랑스 사람들의 주식인 바게트와 버터가 듬뿍 들어간 크루아상, 크루아상보다 버터가 더 많이 들어간 프루스트에게 시간여행을 해 준 마들렌, 달콤한 사과 향과 버터 냄새가 잘 어우러진 사과파이 그리고 너무 예뻐 입에 넣기가 미안한 작고 다양한 케이크들의 냄새는 식품의 냄새보다는 행복의 냄새로 기억된다.

빵과 더불어 프랑스 요리의 유명도를 높인 몇 가지 프렌치 음식 중에 치즈를 빼놓을 수 없다. 프랑스의 치즈 섭취는 13세기부터 시작되어 기원전 2,500년 메소포타미아에서 시작된 인간의 유제품 섭취 역사보다는 짧지만 치즈 개발의 선두 국가로서 명성은 누구도 부인하지 못한다. 종류가 360가지가 넘는다는 프랑스 치즈는 1년 내내 매일 다른 치즈를 맛볼 수 있을 정도로 다양한 종류의 치즈에 대한 자부심을 뜻한다. 치즈의 쿰쿰한 발효 냄새는 코끝에서 입맛으로 들어오면서 미각을 기분 좋게 자극한다.

식사의 마지막이나 오후 티타임에 빠질 수 없는 디저트는 고급화를 선도하는 프랑스 파티시에들의 노력으로 모양과 맛 모두 가히 예술의 경지이다. 디저트는 꼭 먹어야 하는 음식은 아니지만 식사의 마침표 역할로 대체가 불가능한 요리다. 디저트에는 인간의 욕망이 배어 있다는 저널리스트 애덤 고프닉(Adam Gopnik)의 표현은 반드시 필요하지는 않지만 인간이 갖고 싶어 하고 느끼고 싶어 하는 무엇인가가 강하게 존재하는 의미가 함축되어 있다. 식사에 반드시 먹어야 하는 것은 아니지만 아이러니하게도 가장 탐욕스럽게 먹고 싶은 디저트는 짠 음식을 먹고 단 음식으로 마무리하는 마지막 단계로 가장 화려한 모양과 맛으로 인간의 정서와 감정을 풍부하게 하는 음식이 지닌 효과가 가장 크다.

달콤한 디저트는 기억이 시작되는 지점이고 기억이 저장되는 감정의 보고이다.

디저트에는 재료 본연의 맛보다는 다양한 기술, 색감, 입속에서 퍼지는 맛의 조화 등으로 새로운 미각을 자극하기 때문에 더욱더 다양하고 화려해지면서 인간의 섬세한 욕구를 자극한다. 기대하지 않았던 디저트의 화려한 등장은 마치 커튼콜을 받은 성악가가 불러주는 앙코르곡이 음악회의 여운을 주는 것처럼 본식보다는 가볍지만 익숙하고 즐거운 화려함 덕에 식사의 마지막을 행복으로 장식한다.

프랑스 식사에 포크와 나이프처럼 절대로 빠질 수 없는 것은 바로 와인이다. 와인은 메인 음식과 함께 미각을 돋구어 줄 뿐 아니라 함께 식사하는 사람들의 마음을 열어주어 관계의 밀도를 높여주는 사회적 도구의 역할을 매우 충실하게 하는 식사의 감초다.

와인의 역사도 치즈의 역사 못지않게 오래된 것으로 제사와 행사 때 사용되었던 술이 식탁에서 대중화되기 시작한 것은 공급이 확대되면서부터이다. 프랑스 와인의 명성은 지형, 기후, 토질 등, 포도 재배에 최적화된 프랑스의 자연환경과 함께 다양한 포도 품종의 개발에서부터 블렌딩 기술의 개발과 엄격한 와인 등급 관리로 얻어진 것이다.

포도주의 생산지와 생산방법을 공부하고 음식 재료에 적합한 포도주를 찾아내면서 취향에 맞는 포도주를 선택하는 것은 단지 음식의 취향이 아닌 일종의 지적 취향을 알리는 기호적 수단이 된다.

다양한 식재료를 잘 활용하는 프랑스 요리는 마치 식재료와 음식에 대한 예의를 갖추듯이 엄격하게 구입하고 공들여 만들어 한 끼 식사의 의미와 이야기를 만드는 다양한 스토리 콘텐츠가 들어있어 문학적 요소들이 양념처럼 배어 있다. 그래서 프랑스 인들의 요리에는 그들의 삶

속에 존재하는 이야기가 있고 머리에서 가슴으로 이어지는 감성들이 복합적으로 들어있는 듯하다. 전통을 유지하면서 지속적으로 레시피를 개발하는 음식의 세대 전수는 과거와 현재를 이어주는 시간의 연속성 안에서 그들만이 감정을 순화하고 프랑스만의 식문화를 엮어낸다.

프랑스 음식의 역사는 프랑스 조상인 골루아(Gaulois)족의 다소 거칠고 투박한 음식에서 시작한다. 이후 로마가 프랑스를 점령하면서 함께 들어온 로마의 식문화와 1553년 이탈리아 대부호의 딸인 카트린느 드 메디시스(Catherine de Médicis)가 프랑스 오를레앙 공작과 결혼하면서 그녀가 가지고 온 이탈리아 음식과 식사 예절 등이 프랑스인들의 음식에 대한 인식을 바꾸었다.

민족들이 섞이면서 각 민족의 음식이 융합되는 퓨전 음식과 식민지국에서 들여오는 다양한 식재료들이 프랑스 음식을 더욱더 풍부하게 만들었고, 이는 프랑스 음식의 고급화를 예고했다. 다양한 식재료와 향신료가 요리에 사용되고 상차림이 화려해지는 동시에 격식을 갖추게 되고 궁전의 화려한 음식은 귀족문화와 함께 더욱 발전하였다. 이러한 귀족들의 식문화가 대중들에게 확산된 것은 프랑스 혁명을 기점으로 보고 있다.

프랑스 요리의 고급화를 상징하면서 많은 나라들의 고급 레스토랑에서 사용하는 상차림 코스는 19세기 러시아 식사 방법을 가져온 것이라고 한다. 러시아는 추운 기후 탓에 음식이 식는 것을 방지하기 위해 음식을 모두 한 상에 차려놓기보다는 따뜻한 요리를 하나씩 차례로 먹는데 프랑스는 이를 좀 더 고급화하여 식재료와 입맛에 맞게 순서를 정한 메뉴를 개발하여 이것이 오늘날 고급 레스토랑 상차림의 기준이 되었다. 전식, 본식, 후식이 기본이고 이 기본 사이에는 입맛을 돋우는 식사 전 작은 요리, 앞 요리의 맛을 정리하는 샤베트, 그리고 샐러드와 치즈 등이 추가된다. 디저트에 이어 커피와 작은 쿠키들이 식사 마지막에 제공되어 보통 9가지에서 12가지로 구성된다. 이러니 프랑스 사람들의 식사 시간은 자연히 길어질 수밖에 없다. 물론 이러한 코스요리는 특별한 날 고급 레스토랑의 메뉴이기는 하지만 이러한 프렌치 서빙은 고급화의 상징이 되어 오늘날 많은 국가들의 고급 레스토랑은 고유의 전통음식조차도 이러한 프랑스식 서빙 방법을 사용하고 있다.

한마디로 프랑스 요리의 고급화는 외국에서 들어온 각국의 식문화와 음식의 장점을 골라 식탁의 고급화라는 컨셉으로 프랑스 요리만의 색으로 담아낸 결과이다. 또한 식탁 상차림의 시각적 장식에도 큰 노력을 기울여 시각적 효과로 식사의 품격을 높였다. 이러한 발전의 원동력은 단연 셰프들의 노력이다. 귀족들의 음식 시중을 들었던 셰프들의 음식 조리에 대한 자긍심은 식재료 개발과 실험적인 조리법, 새로운 레시피 개발로 마치 예술가들의 창작행위와도 같은 창의성을 갖춘 자존심으로 키워냈다. 이러한 셰프들의 자존심으로 개발된 요리는 프랑스 식문화의 정체성을 확고하게 하였다. 늘 만들어 내는 삼시세끼의 식사를 전문영역으로 끌어들여 음식을 문화의 영역으로 들어오게 한 음식 개혁의 중심에는 루이 14세 때 왕궁 요리사였던 프랑수아 피에르 라 바렌느(François Pierre La Varenne)라는 인물이 자리 잡고 있다. 그는 주방의 육체노동을 정신노동의 영역으로 전환한 요리 역사의 중요한 한 페이지를 써냈다. 그는 손을 사용하여 만들어 내는 요리를 머리로 식재료를 분석하고 예술적 요소를 가미하여 평범했던 음식의 영역에 예술과 과학을 불러들였으며 이러한 요리 방법의 획기적인 발전과정과 요리사의 전문성을 집약한 저서 '프랑스 요리사'를 발간했다. 오늘날 정설로 되어 있는 짠맛으로 시작하여 단맛으로 끝을 맺는 프랑스 식사의 순서와 이에 맞는 조리법을 체계화하고 구체화한 장본인이기도 하다. 그를 이은 앙투안 카렘(Antoine Carême)은 다양한 재료를 사용하여 100여 가지의 소스를 개발하고 음식의 문법적 체계를 만들었다는 찬사를 받았다. 또한 그는 음식에 장식을 첨가하여 시각적 효과로 입맛을 더 끌어올린 점도 높이 평가받고 있다. 특히 오늘날 셰프들의 상징이 된 요리사 모자를 개발하여 조리과정에서의 위생적인 목적도 있지만 셰프들이 자긍심을 갖게 하였다. 단순하게 배를 채우는 음식을 과학적으로 분석하고 시각으로 정리하면서 음식의 세대 전승으로 체계화한 이러한 몇몇 프랑스 요리사들의 천재성은 몇 세기가 지난 오늘날에도 식문화 역사에 머릿돌처럼 자리 잡고 있다.

조리법의 문자화는 당시 구전으로 내려오는 조리법을 체계화한 획기적인 작업이지만 문맹률이 높았던 당시 상황을 고려하면 문자 해독이 가능한 특정 계급을 대상으로 하였다는 평가도 있다. 그럼에도 불구하고 이 책의 발간 부수는 기대 이상이었고 다른 나라에서도 많은 독자를 확보하고 놀라운 속도로 전파되었다고 하니 당시 문자로 만들어 낸 음식 레시피의 접근성은 물론 프랑스 음식에 대한 관심이 오늘날 못지않았던 것 같다.

르네상스 이후 이탈리아 요리 문화의 영향을 받은 프랑스 요리는 이후 식문화에 대한 많은 노력의 결과로 벨에포크 시대에는 프랑스 요리의 세계화로 입지를 군혔으며 현재에도 프랑스 요리만의 특징과 자기만의 색, 고유의 맛, 점점 예술로 진화되는 상차림 등이 여전히 세계인들의 관심을 갖고 세계 요리계를 리드하고 있다.

조리법의 과학화, 체계화, 기록화에 앞장선 프랑스 셰프들의 노력으로 조리이론은 화학과 물리학 중간쯤에 위치하게 되었을 뿐 아니라 접시 위에 담아내는 음식의 표현은 메시지를 담고 있는 예술이기도 하다. 셰프들의 이러한 노력의 요인은 단지 음식을 만드는 사람에서 벗어나 장인의 긍지를 갖게 한, 음식에 대한 엄격한 평가, 셰프들의 지위 상승, 요리학교의 교육, 끊임없이 시도하는 새로운 것에 대한 호기심, 프렌치 음식에 대한 자부심 등이다. 시간과 함께 축적되고 발전하는 음식의 역사에는 레시피의 전승, 식재료의 개발과 맛의 혼합, 욕망의 표현과 절제, 그리고 인간의 기호 체계 등이 날실과 씨실처럼 엮어진 문화 콘텐츠가 담겨 있다.

어느 나라보다 많은 공을 들인 프랑스 요리는 인간의 기본욕구를 하나의 문화체계로 만든 일등 공신이라 해도 과언이 아니다.

프랑스 파리는 대도시에서 볼 수 있는 각국의 다양한 음식의 향연보다는 프랑스 요리의 진수가 모인 곳이다. 18세기부터 미식의 도시가 된 파리의 자부심을 지키는 노력과 프랑스인들의 요리에 대한 자긍심이 좀처럼 타국 요리에 마음을 열지 않는다. 프랑스인들의 음식에 대한 자긍심은 곧 문화에 대한 자부심이다

자본의 헤게모니는 음식의 영역에도 들어와 세계가 아메리카화 되어 가는 시대에 프랑스인들은 음식의 퓨전보다는 오히려 프랑스만의 색을 고집하고 더 차별화하고 있다. 프랑스 요리는 전통음식의 고급화를 지향하면서도 전통과 현대를 접목하는 시간의 융합을 시도하고 있다. 이

들이 고민하는 것은 다국적요리의 접목보다는 다양한 식재료의 개발, 건강한 농산물, 그리고 상차림의 고급화이다.

상차림은 음식을 담아내는 것에 그치지 않고 접시 위에 완성된 음식들을 하나의 예술적 시각으로 표현하는 시도로 끊임없이 진화하고 있다. 전통적인 클래식 요리에서 벗어나 더 가볍고 섬세한 요리와 표현에 중점을 둔 누벨 뀌진(Nouvelle Cuisine)이 생기기 이전까지 프랑스 요리에 대한 비판은 지나친 장식에 대한 것으로 심지어 음식을 가지고 장난치지 말라는 충고까지 있을 정도로 맛보다는 장식에 치중했었다. 그러나 오늘날에는 맛의 개발과 더불어 식탁에 예술성을 부여하는 것으로 발전하여 음식이 주는 영양학적 효과에 시각적 즐거움이 감성을 자극하여 입에서 눈으로 다시 머리로 연결되어 인간의 정서적 융합의 효과를 가져왔다.

프랑스인들의 긴 식사 시간은 요리의 유명세만큼 널리 알려져 있다. 프랑스 인들의 식사는 배를 채우면 끝나는 것이 아니라 식사는 사회적 관계의 매개로 식사 시간은 관계의 매듭이 엮어지는 시간이다. 식탁 위에서 엮어지는 관계는 음식의 색과 재료만큼 다양한 맛과 기분으로 형성되어 그 어느 관계보다 친밀하고 푸근하다. 프랑스 사람들은 식당보다는 자신의 집에서 친지, 친구들과 식사를 하는 것을 즐긴다. 이러한 식사 모임은 음식도 중요하지만 시간과 공간을 함께하는 나누는 대화의 주제가 식탁의 메인이 되어 다양한 요리는 입과 귀 그리고 머리와 가슴으로 음식의 맛과 관계의 밀도를 높여준다. 프랑스인들이 음식을 사랑하는 것은 바로 이러한 시간을 사랑하기 때문인 것 같다.

음식의 역사는 인류의 역사와 같이 시작되어 시간이 흐름에 따라 단

순한 신체적 욕구에서 사회적 기능과 더불어 다른 여러 기능이 더해지면서 발전되어왔다

특히 로마 시대의 번성은 식문화에도 영향을 주어 오늘날과 같이 식재료와 다양한 조리법으로 식탁이 풍성했다. 18세기 산업과 과학의 발전은 조리법에도 영향을 주어 조리법에 전성기를 이루면서 맛은 더 섬세해지고 맛의 조화도 더 풍요로워졌다. 더불어 식탁 차림은 더욱더 세련되어져 식문화라는 하나의 범주를 형성하면서 각국의 주요 문화로 자리 잡았다.

조리법에 과학과 화학이 들어왔듯이 음식은 단순히 신체를 위한 것에서 벗어나 인간의 다양한 감성을 자극하는 다른 요소들이 첨가된 식문화로 발전하면서 다른 문화와 융합되었다. 식문화의 융합으로 음식은 입에서 즐기는 미각과 더불어 상상과 감정의 세계를 열어 오감을 풍요롭게 하는 미식의 세계를 열어주었다.

먹거리를 문화의 수준으로 끌어올려 식문화의 길을 개척하고 이를 전파한 대표적인 인물로는 19세기 프랑스의 장 앙텔름 브리야사바랑(Jean Anthelme Brillat-Savarin)을 들 수 있다. 18세기 조리법을 체계화한 2명의 셰프들과는 다르게 법관이었던 그는 미식 평론가로서『미식예찬(Physiologie de Gout)』이라는 저서를 통해 음식을 인간의 욕망에서부터 예절, 예술과 같은 다양한 접근으로 해석했다. 그가 표현한 미식의 언어는 우리의 식생활을 과학에서부터 문학의 단계로 끌어올려 음식이 지닌 문화적 요소를 더욱 풍부하게 만들었다. 그는 인간의 먹는 행위를 문자로 표현하여 기본욕구 행위에 격을 입히면서 음식 문화 발전에 주요한 역할을 하였다.

'현대의 식사는 식사를 열어주는 술과 식사를 닫아주는 커피 사이에서 벌어지는 드라마'라고 표현한 그의 문장들은 일상의 먹는 행위에 드라마의 요소들을 접목하면서 하나의 문학적 스토리를 만들어 냈다.

그가 표현한 음식에 대한 평은 우리가 느끼지 못했던 맛을 알게 해주었고 식사를 즐기는 관점의 세계를 확대해 주어 식사의 즐거움 그 이상의 문화적 흥미를 재촉했다. 식문화에 대한 인식은 그의 『미식예찬』 이전과 이후로 구분되어 진다는 말처럼 그의 지성적 맛보기는 무형문화 유산의 가치로서 음식을 평가하는 매우 확고한 단초가 되었다.

2010년 유네스코는 세계 최초로 음식을 무형문화재로 인정하면서 제일 먼저 프랑스 미식 문화와 멕시코 전통 요리를 세계무형문화재로 등재하였다. 이후 지중해 해변 국가들의 지중해식단과 아랍국가의 커피, 우리나라의 김치가 단품 요리로 등재되어 음식은 명실공히 문화유산으로 세대를 잇는 물질적, 정신적 유산의 역할을 하고 있다.

문화유산으로서의 음식에는 사회학적 인류학적 요인들이 세밀하면서도 굵직하게 포진되어 있다.

요리에 과학과 예술이 접목되면서 먹는 행위는 하나의 사회적 규범이 되어 식문화의 장을 열었으며 또한 식문화는 사회적 코드로 문화와 계급을 상징하는 기호 체계가 되었다. 브리야사바랑은 '음식을 잘 먹는 목적은 단순한 필요를 욕망으로 바꾸고, 동물적인 식욕을 교육받은 취향으로 바꾸는 것'이라고 음식의 사회적 요소를 압축 표현하였다. 그의 표현대로 음식은 감각적 쾌락에서 사회적 가치로 상승하고 있다. 음식은 인간의 욕망, 삶의 풍요, 지식 체계, 관계와 나눔이 시작되는 지점으로 인간 삶의 구석구석에 영향을 주면서 삶을 이끈다.

이러한 사회적 요소들이 내재 된 음식은 우리의 정체성을 나타내는 도구적 역할을 하여 각자가 먹는 음식이 개인의 정체성을 형성하는 주요한 요소가 된다. 이는 식탁에서 먹는 행위와 음식의 종류 그리고 함께 먹는 사람들과의 관계 등이 어우러진 총체적인 자아가 하나의 행동양식이 되고 개인의 가치관을 형성하기 때문이다. 그래서 브리야사바랑은 '그대가 무엇을 먹는지 말해주면 나는 그대가 누구인지 말해 줄 수 있다'는 유명한 말을 남겼다.

동물들의 먹는 행위가 일차적인 욕구 해소라면 인간의 식문화는 교양과 품격을 나타내는 문화적 지표가 되어 인간을 동물과 차별화한다. 그래서 인간의 먹는 행위는 지적 인격의 상징 기호이며, 먹는 것을 개발하고 어떻게 먹는가를 고민하는 것은 호모사피엔스인 인간만이 하는 고민이다.

인간은 왜 이런 고민을 하고 그 고민의 결과에서 인간을 무엇을 얻는가를 생각해 보면 인간의 음식에 대한 욕망의 밑그림이 보인다. 식습관은 개인적 행위, 사회적 관습, 경제적 배경, 정치적 영향, 지역적 상호관계, 범세계적 관계, 신체적, 정신적 웰빙과 연결하려는 인간의 노력 등 총체적 능력이 들어 있다.

먹는 것의 개발, 예컨대, 자연을 식재료로 활용하고 조리법을 개발하고 새로운 맛의 조화를 시도하는 것들은 미각의 진보를 추구하는 것이다. 이는 단지 맛을 추구하는 식생활보다는 자연과 인간의 상호관계를 인간 신체의 건강으로 연결하는 시도이다. 더불어 입에서 마감되는 식사가 아닌 음식을 통해 기쁨과 행복을 추구하는 정서 체계를 형성하는 도구적 역할을 한다. 식사가 주는 기쁨은 식사를 하는 상황과 장소

그리고 함께 먹는 사람들이 만들어 내는 다양한 감각이 합쳐진 감정이다. 인간은 자신의 건강을 위해 좀 더 나은 식생활을 추구하고 먹는 행위에서 지적행위를 추구하는 진화적 시도를 해왔다. 식사 예절과 나누는 대화는 욕망에서 벗어나 식사의 세련된 품위를 갖는다. 그러므로 인간의 식욕에는 단지 원초적 욕망이 아니라 문화적 욕망이 들어있어 결국 인간은 먹는 것에서도 문화를 만들고 또한 그 문화를 누린다.

이를 역으로 설명하자면 식욕의 절제를 통제하지 못하고 장소를 구분하지 않고 욕구에 끌려 어디서나 아무렇게나 먹는 행위는 원초적인 본능을 제어하지 못하는 낮은 지적 수준이나 건강의 불안정성을 의미한다.

무엇을 먹고 어떻게 먹는 것에 대한 지속적인 논의는 음식의 논의가 아닌 문화적 논의로 음식은 삶과 문화의 연속성을 부여하고 있다.

음식에 내재된 문화적 요인을 통해 나타나는 음식의 기호 체계는 사회 계층을 구분한다. 이는 음식의 기호와 선호도, 먹는 행위가 계층에 따라 다르게 형성되고 있음을 의미한다.

베르디에(Verdier)는 인간은 언어와 문자 그리고 자신의 외형만으로 정체성을 보여주고 메시지를 전달하는 것이 아니라 자신이 먹는 음식의 식재료 혼합 비율, 요리법, 색깔, 감촉, 맛 모양을 통해서도 메시지를 전달한다고 하였다. 이는 음식의 종류, 식재료의 선호도, 식사 행동에 따라 개인의 성향, 취향, 더 나아가 지위와 계층 등을 알 수 있기 때문이다. 음식은 풍부한 상징적 순응성을 갖고 있기 때문에 다양한 문화 이데올로기를 나타내기에 적절한 매개체이다. 음식을 선택하고 먹는 것은 자율적인 능력으로, 음식은 단순히 먹는 것 이상의 사회적 실체로서 존재한다. 예를 들어 여성이 채식을 남성이 육식을 선호하는 것은 자연적인 성의 차이보다는 사회적 관계 속에서 형성된 섭취의 습관으로 다분히 사회적 요인의 결과이다.

설탕이 개발되었던 당시 부르주아 계층의 설탕 소비는 곧 사회적 지위를 의미하였다. 이후 신분 상승의 착시효과를 얻으려는 일반인들의 설탕 소비의 욕구가 폭발적으로 증가하였다. 이는 설탕의 단맛보다는 계층이동이나 고위층에 소속되고자 하는 희망의 맛이었다. 이를 두고 민츠(Mintz)는 '사람은 먹는 것을 달리함으로써 다른 사람이 될 수 있다'는 복합개념으로서의 음식을 표현하였다.

음식의 빈부 차이는 이미 로마, 그리스 시대에도 존재하였으며 당시 부유층과 지식층의 자만심과 이들이 원하는 차별성은 음식을 통해 강화되고 과시되었다. 상차림의 화려함과 고급화는 상류층의 생활방식과 상류층의 코드로 지위를 나타내는 대표적인 도구로 사용되었다. 상류층을 상대로 하는 고급 레스토랑은 맛의 질과 세련된 서비스로 식문화의 고급화를 선도했지만 이면에는 과시적인 소비를 야기하기도 하였다. 프랑스 대혁명 이후 궁 밖을 나와야 했던 궁중 요리사들의 일자리가 대중 속으로 들어오면서 궁정 요리사들이 개업한 레스토랑은 음식의 민주화가 싹튼 곳이었고 음식의 차별적 기호는 보편적 기호로 전환되었다. 그러나 보편화된 레스토랑은 개인의 경제 자본에 따라 다시 차별화되어 문화자본의 계층화와 식문화의 계층화를 재생산하였다.

오늘날 식문화의 빈부 차이는 다양한 요소에서 발견된다. 레스토랑의 계급화는 물론 음식 구입의 선호도는 음식의 사회화가 만든 식문화 빈부 차이의 대표적인 예이다. 도시화가 가지고 온 음식의 대중화는 많은 식품을 만들어 내고 소비자의 선택 폭을 넓혀주고 있다. 공장에서 만들어 내는 식품은 맛을 위해 첨가하는 화학물질과 오랜 기간 보관을 위한 화학품들이 건강에 악영향을 줄 뿐 아니라 고칼로리로 비만을 초래한다. 저렴한 가격으로 경제력이 낮은 계층은 영양보다는 가격 대비 맛에 치중하고 있기 때문에 이런 음식을 본의 아니게 선택하게 된다.

반면 부유층은 식품이나 요리의 가격보다는 영양과 식재료에 더 신경을 쓰기 때문에 가능한 한 화학물의 첨가를 최소로 줄이고 있는 친환경, 유기농식품과 엄선한 식재료를 사용하는 식당을 선호한다.

다량의 식품, 수많은 종류의 먹거리는 이제 주머니 사정에 따라 식품에 들어있는 재료를 고르게 되고 이로 인해 음식의 선호는 빈부의 차이를 나타내는 기호가 되어가고 있다.

그러나 음식의 계층화에도 불구하고 음식은 공동체 안에서 나눔과 연대를 형성하는 주요한 매개체가 된다.

인간은 자연생태계에서 식재료를 찾고 식재료는 신체 건강의 일차적인 공급원으로 자연과 인간을 긴밀하게 연결하고 있다. 슬로우푸드, 유기농, 제철 식재료, 환경친화적 식재료 등은 인간 신체의 자연성과 가장 잘 어울리는 건강 지킴이로서 그 어느 것으로도 대체가 불가능하다.

더불어 인간은 음식을 준비하고 나누면서 사회관계를 형성하고 존재의 사회화를 통해 자기를 규정한다. 음식을 준비하는 사람의 사랑과 정성에는 인간의 따뜻한 배려와 보호가 배어있으며 함께 나누는 식사는 부드러운 화합과 단단한 결속을 만든다. 또한 함께 음식을 만들고 먹는 과정에서 오고 가는 이야기들은 공감 능력을 키우고 사랑하는 방법을 알려준다.

음식은 문명을 말하고 있는 동시에 인간의 가장 기본적 정서에 충실하다. 세상을 떠나기 전 마지막으로 먹은 따뜻한 국밥 한 그릇이 인생의 가치를 알려주고, 영화 쉰들러 리스트에서 보여준 생사의 갈림길에서 나누어 먹는 작은 초콜릿 한 조각은 생존 그 이상의 삶을 대변한다.

음식의 결핍인 배고픔은 물리적 결핍뿐만 아니라 권리의 결핍이기도 하다

배고픈 민중들이 요구한 빵에는 배제에 대한 분노보다는 기본적인 권리와 인격적 대우의 요구가 더 깊게 자리 잡고 있다.

로마의 시인 데키무스 유니우스 유베날리스(Decimus Iunius Iuvenalis)는 인간은 기본적인 먹는 것과 적당한 오락이 있으면 정치에 무관심해져 다루기 쉬워진다고 생각하여 민중을 서커스와 빵으로 우민화하여 표현하였다. 그러나 그는 빵이 포함하고 있는 사회적 실체를 모르고 있었다. 빵을 먹으면서 형성되는 다양한 가치 체계와 관계성, 자기성찰 등으로 민중은 영리해지고 명석한 관찰력을 갖게 된다. 로마 시대 때는 빵의 효과가 일차적으로 배고픔을 없애는 것에 그쳤다면 현대의 빵은 매우 다중적이고 다층적으로 사회적 인간을 만들어 주기 때문이다. 이와 같이 음식은 단순한 먹거리가 아니라 사회적 실체로서 사회적 인간을 만들어 준다.

식습관과 식문화의 차이는 지역에 기반하여 자연발생적으로 시작된 식습관이 문화의 영역으로 들어와 식문화를 형성하면서 국가와 민족을 구별한 것이다. 사회적 실체인 음식은 각국의 지정학적, 문화적 요소들을 품고 있는 동시에 다른 문화를 이해하고 세계를 이해하는 연결

고리가 된다. 음식은 많은 문화현상을 흡수하고 반영하는 프리즘으로 오늘날과 같은 세계화 시대에 식문화 다원주의를 만들었다. 즉, 식문화로 타국의 문화를 이해하면서 문화융합을 이루고 있다. 식문화 융합은 각국 전통음식의 변형을 초래하여 퓨전 음식이라는 국적이 모호한 음식을 탄생시켰지만 한편으로 퓨전 음식은 다른 나라를 이해하고 포용하는 하나의 방식이 되었다. 낯선 음식을 맛보는 것은 외국을 여행하는 것과 같아 호기심을 자극하고 새로운 문화를 흡수한다. 후진국들이 선진화로 변화되는 과정에는 선진국의 음식을 통해 새로운 문화를 이해하고 문화 선진으로 한걸음 전진하는 경우가 많다. 그러나 간혹 이해보다는 문화 사대주의로 변질하기도 한다. 가정식 음식에도 소위 퓨전이라는 국적이 모호한 음식들이 개발되고 민족 고유의 음식이 변형되어 가는 경우도 드물지 않지만 어려서부터 익숙해진 맛의 기호는 유전인자만큼이나 강하기 때문에 각국의 전통음식은 정치, 경제적 배경보다는 지정학적 지형적 요인으로 강하게 존재한다.

문명의 발달은 과학, 의학, 예술로만 국한되는 것이 아니라 사람들의 생활양식을 통해 이국적인 문화를 이해하고 받아들이면서 자신들의 문화로 재탄생시키기 때문에 식문화의 전통성은 변형보다는 발전으로 이어간다.

프랑스 식문화는 배를 채우는 포만감에서 벗어나 즐기는 문화 콘텐츠, 건강을 책임지는 의료적 콘텐츠, 눈으로 즐기는 예술적 콘텐츠가 합이 되어 형성된 프랑스인들의 자긍심이다. 일상의 먹거리가 국가와 국민의 자긍심이 될 수 있는 것은 이들의 안목이 일상생활의 진가와 진수를 놓치지 않았다는 증거이다.

일상생활의 평범함을 새로운 신선함으로 바꾸어 놓은 프랑스 요리가 우리에게 준 메시지는 늘 반복되는 일상의 먹는 행위의 단순함 때문에 가려진 음식과 식사에 들어있는 진술하면서도 화려한 가치를 알게 해줌으로써 인생의 소중함은 평범한 일상에 있다는 평범해서 자주 잊고 있는 진리에 가까운 메시지이다. 시각과 미각, 이 두 개의 감각을 거쳐 들어온 음식은 몸의 모든 감각을 깨우는 강한 촉으로 행복의 감각까지 불러들인다. 오랜만에 다시 맛본 프랑스 요리는 이전보다 더 다양한 감각의 향연을 선사하면서 배를 채우는 음식에서 감성을 높이는 즐거움을 한껏 제공한다.

평범함을 특별함으로 바꾸어 준 프랑스 음식이 지닌 시간성에는 개발과 발전이라는 개념이 중심에 놓여 있다.

끊임없는 개발과 발전은 셰프들의 명성과 경쟁이 심한 요리계의 생존방식이 아닌 인간의 일상 양식에 대한 인간적인 품위와 품격이다. 인간이 즐기는 음식의 품격은 기본기를 꽉 채운 고급화로 발전을 이루면서 우리가 체감하지 못했던 감정들을 깨우기 때문에 늘 놀랍고 신선하며, 행복하다.

굵게 짜낸 털 스웨터 같았던 프랑스 전통음식의 질감은 시간과 함께 발전하여 오늘날에는 극세사의 명주실로 짜낸 비단의 질감으로 세련되어졌다. 혀의 미세한 미각세포를 찾아주는 탐색적 요리인 동시에 식재료로 사용하는 꽃이나 풀의 작은 색까지 접시에 담아내는 시각 예술적 요리로 발전하였다.

시간이 지나면 퇴색되거나 잃어가는 것이 많지만 역으로 시간이 쌓이듯이 역량이 두터워지면서 놀라운 발전을 이루는 것들 가운데 바로 식문화가 있다.

10년 후 맛보게 되는 프랑스 요리가 어떤 즐거움과 행복감을 줄지 벌써 기대되는 것은 프랑스 음식이 늘 기대 이상의 풍요로움을 주었기 때문이다.

# 한 장으로 펼쳐진
# 방대한 예술 교과서,
# 파리

*Walk around Paris through the humanitieshis*

**파리** 공항에 도착하여 지루하게 막히는 길을 벗어나 시내로 들어오면 지루함을 잊을 정도로 다양한 건축 양식의 화려함에 눈을 어디에 먼저 두어야 할지 모를 정도로 고개가 바쁘게 돌아간다. 시원한 개방감을 느끼게 해 주는 센강 주변 화려한 건축물과 도심 여기저기에 세워진 다양한 양식의 건축물들은 각각의 아름다움과 시대를 아우르는 조화로 도시 예술의 전형을 보여준다. 이러한 건축물들은 자연과도 잘 어울려 구름 한 점 없는 파란 하늘의 맑은 날이나 먹구름이 잔뜩 낀 회색의 우울한 날이나 하루 종일 지루하게 비가 내리는 가을 날씨까지, 어떤 날씨의 하늘이라도 자신의 아름다움을 도시의 멋진 배경으로 만들어 낸다.

국회 의사당 앞 콩코드 다리(Pont de la Concorde)를 건너면 나타나는 콩코드 광장(Place de la Concorde)의 화려함은 광장 옆의 튈르리 공원(Jardin des Tuileries)을 지나 루브르 박물관(Musée du Louvre)의 화려함으로 이어져 도시 직선에서 이루어지는 건축 예술의 문을 연다. 프랑스 혁명 당시 민중들이 무너뜨린 바스티유 감옥(Bastille)의 돌로 지었다는 콩코드 다리는 프랑스 혁명의 의미를 단단하게 다짐하면서 화려한 주변환경과 잘 어우러져 있다.

절대왕정, 군주제 시대의 건축 예술의 진수는 당연히 왕궁의 모습이다. 현재는 박물관으로 사용되는 루브르궁은 12세기 후반 필립 2세의 명으로 착공되어 루이(Louis) 14세가 베르사유(Versailles)로 왕궁을 이전하기 전까지 왕이 거처했던 곳이다. 왕궁다운 규모와 장식으로 파리 건축 예술을 대표하는 건축물들의 만형인 셈이다. 루브르가 궁궐에서 박물관으로 기능이 바뀐 것은 1793년 몰락한 귀족들의 개인 수집품들을 모아 이를 전시하면서 박물관의 면모를 갖추었다고 한다. 개인소장을 국유화하면서 시작된 루브르 박물관은 이후 소장품과 이를 전시하는 노하우의 거듭되는 발전으로 세계 최고 박물관의 하나가 된 것이다. 다들 아는 이야기이지만 루브르에 전시된 예술품 중에는 다른 나라의 것을 정당하지 못한 방법으로 가져온 것들도 많다. 세월이 지난 후 프랑스인들의 변명은 자기들이 이런 방법으로라도 보존하지 않았다면 이 작품들은 그 가치를 인정받지 못했거나 보존이 잘되지 않아 이미 손실되었을 가능성이 크기 때문에 오히려 프랑스에 고마워해야 한다는 것이다. 프랑스의 합리화가 심한 해명임에도 불구하고 예술은 창의적 창조도 중요하지만 이를 볼 줄 아는 안목과 보존하는 노력도 중요하기 때문에 반성이 되는 부분도 있다.

어찌 되었든 루브르 박물관 소장품의 가치는 루브르 외형 건축과 함께 프랑스의 자존심이며 이곳은 절대왕정 권력의 장을 국민의 문화 공간의 장으로 바꾼 장소의 민주화가 이루어진 곳이기도 하다.

루브르를 떠나 이전한 베르사유궁은 태양의 왕인 루이 14세부터 그의 후손들이 거주했던 곳으로 루브르궁과는 다른 17~18세기 바로크 양식의 화려함을 보여주고 있다. 당시에 바로크 양식의 건축이 왕족을 위한 것이라면 귀족과 부르주아들은 로코코 양식을 주로 사용하였다. 로코코 양식은 건축보다는 실내장식으로 더 발전하여 주거환경에 예술성을 부여하면서 생활 예술의 영역을 넓혔다. 귀족들은 외관의 화려함을 왕의 권위로 인정하여 건축 외관의 양식을 따라하기를 포기하는 대신 내실의 예술성에 몰입했던 것 같다. 이와 같이 이 시대는 적절한 배려와 존경으로 의도하지 않았던 건축 양식과 실내 양식이 함께 르네상스를 이루면서 프랑스인들의 예술적 취향과 감각을 키워냈다.

루브르 박물관 가까이 센강 건너편에 있는 오르세 박물관(Musée d' Orsay)은 옛 기차역을 개조한 것으로 다양한 미술품들을 소장하면서 혼잡한 역의 이미지를 완전히 탈피하여 기능에 따라 변화되는 건축물의 예술성을 대변하고 있다. 인파가 정신없이 오고 갔던 다소 지저분하고 번잡했던 기차 역사 안을 수많은 미술품이 자리를 잡으면서 분 단위의 기차 시간으로 움직였던 역사 안은 시계가 멈춰진 예술의 시간으로 채워져 느린 속도의 발걸음이 시각의 속도를 인도하는 곳이 되었다.

정지된 그림과 미술품과는 다르게 소리와 움직임이 있는 음악과 무용 등이 공연되는 시내 중심의 오페라 가르니(Opéra Palais Garnier)는 공연의 리듬으로 더 화려해 보인다. 이 오페라 극장 건축의 화려함은 건물 정면에서부터 쭈욱 뻗어있는 오페라 애비뉴(Avenue de l'Opéra)로 이어져 건축의 아름다움이 큰 대로로까지 길게 이어지는 착시효과가 매우 큰 곳이다. 긴 애비뉴는 마치 왕의 입장을 기다리기 위해 길게 줄지어 서 있는 신하들과 같고, 중앙의 화려한 오페라 가르니의 모습은 권력과 권위의 카리스마를 가진 왕이 등장한 것과도 같아 루브르궁보다 더 멋진 왕의 의전을 상상할 수 있는 곳이다. 이러한 화려함은 내부 장식에도 예외가 아니다. 1964년 새롭게 단장한 오페라 극장 천장 전면의 샤갈(Chagall) 그림은 초현실주의와 클래식의 생경한 조화를 하나의 장르로 만들고 무대에서 연주되는 음악과 더불어 각각의 다른 장르 예술이 어울리는 묘한 시너지효과를 구성한다. 이미지가 음이 되는 동시에 음이 이미지로 구현되는 이곳은 다른 감각 체계를 사용하는 예술 장르의 조화가 이루어지는 곳이다. 귀도 즐겁고 눈도 즐거운 이곳에서 가스통 르루(Gaston Leroux)가 쓴 '오페라의 유령'의 슬픈 사랑이 마음 깊이 진하게 느껴진다.

파리의 랜드마크인 에펠탑은 외관의 아름다움뿐만 아니라 탑을 이루는 철제의 선만큼이나 많은 예술적 가치가 들어있다. 탑의 규모와 미학적 외관은 구스타프 에펠(Gustave Eiffel)의 상상력과 건축 능력이 집약되어 있다. 늘씬한 삼각형 탑은 직선이지만 곡선의 실루엣으로 철근구조의 건축물이 표현할 수 있는 여성미의 극치를 보여준다. 실로 짠 수예품과 같은 선들의 섬세함과 삼각형 외곽선의 굵직함은 남녀, 음양, 명암과 같은 상반된 것들의 조화를 담고 있다. 프랑스 혁명 100주년을 기념하는 1889년 만국박람회를 계기로 세워진 이후 130년이 지나 그동안 수많은 건축물의 등장에도 불구하고 에펠탑은 여전히 파리 최고 아름다움의 자리를 유지하고 있다. 도시조명이라는 예술 장르가 생기면서 에펠탑은 해가 지면 매시 정각에 10분 동안 화려한 조명등이 켜진다. 멋진 실루엣에 반짝이는 보석을 달고 움직이는 것 같은 에펠탑의 조명 예술은 파리라는 거대한 캔버스 위에 펼쳐지는 하나의 행위예술로서 전통과 현대예술의 융합과 조화가 마치 현대 파리 시민들이 에펠에 마치는 헌정과도 같다. 19세기 만국에 알렸던 에펠탑의 메시지가 오늘날에도 프랑스의 건재를 알리는 메시지의 역할을 충실히 하고 있다.

파리건축물 특징 중 하나는 중요한 행사가 있을 때마다 이를 기념하기 위해 지어진 역사적인 사건의 증인 역할을 한 것이다. 에펠탑에 이어 그랑 팔레(Grand Palais)와 쁘티 팔레(Petit Palais)는 1900년 파리 만국 박람회를 계기로 만들어졌다. 큰 궁과 작은 궁으로 번역할 수 있는 두 개의 궁은 인접해 있는 알렉산더 3세 다리와 함께 19세기 파리 건축 예술의 전성기를 대변한다. 이 두 개의 궁은 건축과 조각이 어우러져 표현되는 화려한 우아함의 이론적 정의를 알려준다. 단단한 회색의 건축물에 조각이 붙여져 무생물의 건축물은 생물의 스토리텔링을 구현한다. 외부의 빛을 이용하는 내부 인테리어는 그 자체로 예술이지만 현대 예술과의 접목이 묘하게 잘 어울려 과거에 머무르지 않고 시대에 따라 활용도와 새로운 미가 추가된다. 그랑팔레의 넓은 내부 공간은 현대 복식의 화려함을 보여주는 패션쇼에서부터 현대미술 페어 등 현대 예술의 콘텐츠를 멋지게 담아내고 있어 이 옛 건축물은 시간이 더해질수록 새로운 가치들이 얹어지고 문화를 재생산하는 장소의 기능으로 여전히 튼실하게 살아 숨 쉬고 있다.

건축 예술에서 빠질 수 없는 것 중 하나는 바로 종교 건물인 성당이다. 가톨릭 종교가 지배적이었던 프랑스의 성당들은 건축의 역사 교과서처럼 다양한 건축 양식으로 지어져 건축의 예술성은 물론 옛 가톨릭 교회의 위엄을 오늘날에도 종교의 품위로 지켜내고 있다. 프랑스 전 지역의 거리를 측정할 때 제로 기점이 되는 노트르담 대성당(Cathédrale Notre-Dame)은 높은 첨탑과 아치형 창의 조화가 고딕양식을 대표하고 있다. 건축 외벽에는 성경에 나오는 인물들을 정교하게 조각한 조각물들이 성경내용을 이미지로 설명하고 있다. 노트르담 성당 파사드의 조각들을 자세히 들여다보면 성경 몇 페이지를 읽은 것보다 더 성경 내용이 머리에 쏙쏙 들어온다. 빅토르 위고(Victor Wigo)가 만들어 낸 우직한 꼽추 콰지모도의 성실성과 사랑의 아픈 마음이 맨 꼭대기 종탑에서 이 성당의 야사와도 같이 문학적 예술을 더하고 있다.

노트르담 성당과 함께 파리를 대표하는 또 하나의 성당은 몽마르트 언덕에 우뚝 세워진 사크레쾨르 성당(Sacré-Coeur)이다. 로마네스크식과 비잔틴식을 조합한 건축 양식을 자랑하는 이 성당은 고딕양식과는 다른 아름다움이 있다. 사크레쾨르성심 성당은 산이 없는 파리에 가장 높은 고지인 몽마르트르 언덕 맨 위에 자리 잡고 있어 마치 발밑에 펼쳐진 도시로부터 존경을 요구하는 거만하고 장엄한 분위기를 준다는 표현 그대로 당당한 카리스마로 파리를 내려다보고 있다.

파리 전체가 보이는 사크레쾨르 성당은 종교적인 성스러움과 함께 마치 파리의 모든 악을 품어 평화로운 파리를 만들기 위해 존재하는 듯하여 근접할 수 없는 위엄도 지니고 있다. 이러한 분위기는 사실 이 성당이 만들어진 계기와 무관하지 않다. 1871년 파리가 프로이센과의 전쟁에서 패배한 후 전쟁에 대한 회개의 표시로 이 성당이 구체화 된 것이다. 또한 이 성당이 있는 몽마르트르 언덕은 오래전부터 그리스도 성인들의 순교 장소였던 곳으로 이성당은 순교와 회개의 종교적 신념이 농축되어 오늘날에도 화해와 평화의 기운으로 파리를 품고 있다.

파리 시내의 건축물은 단지 왕의 궁이나 성당, 기차역에 그치는 것이 아니라 19세기에 문을 연 백화점 건물까지 역사와 예술을 담고 있다. 1838년에 문을 연 파리의 고급 백화점인 봉마르셰(Bon Marché)는 1869년에 에펠을 포함한 몇몇 건축가들이 설계한 것으로 오늘날까지 파리에서 가장 격 높고 고급스러운 백화점으로 보전이 잘 되어 있다. 이와 함께 얼마 전 16년간의 긴 정비를 마치고 새롭게 재개장한 사마리텐

(Samaritaine) 백화점 건물은 19세기 건축 양식인 아르누보(Art Nouveau) 와 20세기 초 건축 양식인 아르데코(Art Déco)로 내부 인테리어를 장식 하여 파리 건축 예술의 다양성에 한몫을 거들었다.

르네상스 시대 풍부한 예술을 바탕으로 시대에 따라 다양하게 변화 된 예술들이 총체적, 집약적으로 모여 있는 파리는 마치 고전 예술의 방대한 교과서와 같다. 또한 현대로 넘어오면서 대규모의 고전 예술을 현대양식과 적절하게 조합하여 과거와 현재의 시간적 연대를 이루면서 새로운 장르가 개발되고 예술의 영역이 확대되고 있다. 대표적인 예를 들자면, 오래된 루브르궁과 입구에 설치된 유리 피라미드 건축물의 조 화이다. 1984년에 프랑수아 미테랑 대통령의 제안으로 중국계 미국 건 축가인 I. M. 페이(Pei)에 의해 설계된 이 피라미드는 1988년에 완성되 어 1989년에 대중들에게 공개되었다. 옛 왕궁 마당에 전면 유리로 만 들어진 이집트 피라미드 모양의 거대한 삼각뿔 모양은 현대 예술의 요 소를 옛 궁전으로 들여와 과거와 현재의 시간연대를 만들었다. 예술품 의 과거와 현대의 조화로운 시도작업은 몇 년 전 베르사유궁 안에 제 프 쿤스(Jeff Koons)의 풍선 작품에 전시되면서 또 한 번 많은 관심을 끌었다. 어울릴 것 같지 않은 재질과 형태들이 만들어 낸 조화는 마치 생각과 가치관이 다른 세대들의 연대처럼 행복하고 편안한 확대 가정 의 분위기를 준다.

19세기 말부터 세계 1차 대전 이전인 1914년까지 프랑스 경제 호황기 인 벨 에포크(Belle Époque) 시절은 고전주의가 계속되면서도 아르누보 와 아르데코 양식이 추가된 건축물들로 파리예술의 풍요로움이 절정 을 이룬다. 오늘날 파리의 도시예술은 이러한 고전 예술의 거대한 그릇 안에 현대미술의 요소가 다양하게 부어지고 섞이면서 두 시대의 공존과 협업이 이루어 내는 재탄생과 시대적 연대로 파리만의 색을 더욱 진하게 만들어 가고 있다.

파리에 수많은 예술작품이 존재하는 것은 작품의 가치를 알고 있는 지식수준과 이를 보존하고 발전시키는 노력의 결과이다. 다양한 건축양식을 사용한 수많은 건축물은 건축 양식의 역사성은 물론 파리 서민들의 일상생활의 역사까지 간직하고 있다.

오래된 건물과 실내 구조는 현대인의 생활양식에 다소 불편하지만 오늘날에도 여전히 그 유용성을 발휘하고 있다. 실용성 대신 역사성을 고집하는 프랑스인들은 옛 건축물을 잘 보존하는 것에 그치지 않고 옛 건축물의 활용도를 높이고 예술성을 위한 콘텐츠 개발로 과거와 현재의 조화를 이루면서 예술적 가치를 높인다. 이들은 예술을 단지 보는 것에서 그치지 않고 생활과 융합하여 예술의 다양한 기능을 생활화하고 있다.

역사를 자랑하는 대학의 도서관은 오래된 서적들의 종이 냄새와 모퉁이가 닳고 수십 년 손때가 묻은 책상이 세월의 윤기를 갖고 오늘날 젊은 지성인들을 맞고 있다. 또한 19세기 오스만(Haussmann) 남작의 파리재정비로 탄생한 오스만식 주택건물에 사는 파리 시민들은 삐걱거리는 소리가 나고 엘리베이터를 설치할 공간이 없어 나선형 계단을 줄기차게 오르내려도 이 불편함은 이러한 건물을 사용하는 전통과 자부심으로 충분히 대체하고 있다. 파리 건물의 실용성은 현대화 기계들을 설치하는 것이 아니라 예전의 그 모습 그 형태를 유지하면서 현대의 주거 공간의 역할을 하는 시대의 실용성을 의미한다. 건물 외부 형태와 외부의 조각들을 하나도 변경하지 않을 뿐 아니라 건물 내부의 계단, 복도 등 역시 고장난 곳만을 수리하는 수준으로 프랑스인들은 19세기 생활 인프라를 오늘에도 그대로 사용하는 실용성에 익숙하다.

인간의 신체는 반복적으로 습관이 된 생활방식에 익숙해지기 때문에 파리 시민들에게는 6, 7층을 계단으로 오르내리는 일이나, 더운 여름 에어컨 없이 지내기 등은 불편함이 되지 않는다. 오히려 편리함을 마다하고 불편함을 해소하는 다른 방법들을 개발하면서 파리만의 독특한 생활방식을 만들고 있다.

이러한 파리시의 방대한 예술작품들을 보면서 '인간에게 예술이 필요한 이유는 무엇인가?'라는 다소 철학적이면서 인간 삶을 구성하는 근원적 요소에 대한 생각을 해 본다.

예술의 역사는 인간의 역사와 함께 존재한다. 예술은 물질적인 풍요와는 다른 정서적 풍요로움을 제공하는 가치가 있다는 것은 잘 알지만 단지 이것만이 예술이 인간에게 필요한 이유로는 충분치 않다. 예술이 왜 가치가 있으며 어떤 가치가 있는가 에 대한 대답은 명확하게 설명하지 못한다. 그 이유는 예술은 보편적 가치와 더불어 개인적 취향과 개인의 예술에 대한 경험은 매우 다양하기 때문이다.

인간은 모두 예술의 잠재력을 지니고 있다. 그러나 이 잠재력을 자기화하여 발전시키는 것은 일상의 노동과는 다른 노력과 학습이 필요하며 예술의 입문은 잠재된 능력을 깨우는 교육과 개인의 창의적인 예술적 기질이 전제되어야 한다. 또한 예술의 욕구는 다른 물질적 욕구와 차별되는 인간만이 가지는 능력으로 노동과 차별화된다. 예술작업과 일상 노동의 차이를 가장 쉽게 설명한 것으로는 매슬로(Maslow)의 인간 욕구 피라미드를 들 수 있다. 노동 욕구는 기본적인 욕구 바로 윗 단계인 생활안전 범주에 포함되어 있지만, 예술적 창조의 욕구는 맨 위 단계인 자아실현 범주에 들어 있다. 자기의 존재성을 부여하기 위한 자아실현 방법의 하나인 창의성이 예술로 확장되는 것이다.

다시 인간에게 예술이 필요한 이유라는 명제로 돌아가 보면 우선 예술을 통해 인간이 얻고 있는 것이 무엇인가를 찾아가 보면 답의 윤곽이 어느 정도 잡힌다.

인간은 예술작품을 통해 정서를 공유하고 정서적 카타르시스를 느낀다. 또한 새로운 작품을 창조하는 능력을 개발하고 지식 체계처럼 예술의 창조적 작업을 통해 제2의 지적 능력을 개발해 간다. 인간은 모든 활동 영역에 철학적 관념을 가지고 있지만 특히 예술영역에서는 철학적 사유가 중심이 되어 예술의 창조작업이나 작품감상 등을 통해 철학적 사고를 확장해 간다. 예컨대, 예술은 인간의 사유 능력을 일깨우며 이를 키우면서 인간을 생각하는 동물로 만들어 준다. 데카르트의 '생각한다. 고로, 나는 존재한다(Cogito, ergo sum)'라는 철학적 명제에서 생각하는 촉을 깨우고 유도하는 주요한 모티브가 되는 것이 바로 예술이다. 순수 예술에서부터 생활 예술까지 다양한 예술에는 무궁무진한 철학적 요소들이 내재되어 있다. 때문에, 생각하는 인간에게는 예술이 필요할 뿐만 아니라 인간은 예술을 통해 생각하는 존재가 된다.

더 나아가 유한한 삶 자체를 예술로 만들 수 있는 존재성에 대한 성찰과 삶의 진정성도 예술이 있어 가능하며 역으로 이러한 삶의 성찰이 다시 예술을 만드는 순환구조로 되어 있기 때문에 인간과 예술은 하나의 합체 안에 존재한다. 막스 샤스러(Max Schasler)는 이러한 단계를 하나 더 올라가 예술이란 인간이 느낀 막연한 감정에 의해 인식된 미를 진과 선의 경지까지 끌어올리는 도덕적 완성이며 이것이 예술의 목적이라고 설명하였다.

아리스토텔레스(Aristoteles) 역시 인간의 도덕적 영향을 예술에서 구한다고 했다. 또한 예술은 지식에 비례하기보다는 감정 체계의 경험으로 도덕 체계를 형성하여 인간의 감정을 정리하고 우리의 내적 성숙을 유도한다. 미의 개념은 시각적인 것도 있지만 보이지 않는 내적인 미를 포함하고 있기 때문이다.

예술을 통해 다듬어지고 깊어진 내적 감정들은 시각으로는 볼 수 없었던 물체 내면의 아름다움을 찾아가는 감성의 촉이 되어 자연의 겸허함과 인간의 사랑을 일깨운다.

'아름다움의 특징은 사물의 외계에 있는 것이 아니라 예술가의 아름다운 마음속에 존재하는 것'이다.라는 샤슬러(Max Schasler)의 표현은 예술가가 미를 창작할 때는 지식에 의존하는 것이 아니라 그의 내부에 있는 미에 관한 관념에 의해 창조하는 것이며 이 관념은 마음에 기초하고 있음을 강조한 것이다.

그러므로 예술작품이 지닌 미의 가치 중 하나는 작품을 만든 사람과 이를 감상하는 사람의 공감대를 형성하고 더 나아가 과거와 현재를 연결하면서 미래를 구상하는 시간의 연속성에서 이루어지는 상호교류성이다. 과거의 예술작품이 현재시간에 감흥을 주고 미래의 희망을 기대할 수 있는 것은 예술이 시간의 연속성 안에서 존재하기 때문이다.

예술은 겉으로 표현되는 보편적 가치만으로도 우리의 소박하고 순순한 일상의 가치를 알려주고 인간의 다양한 감정을 다스려 준다. 우리

곁에 있는 일상이 작은 화폭의 그림으로 그려졌을 때 우리는 스쳐 지나간 일상의 가치를 발견하게 된다. 또한 산뜻하고 다양한 색채를 가진 작은 생활용품들은 우리의 우울한 감정들을 밖으로 처리하는 능력을 발휘하면서 우울한 마음을 위로할 뿐 아니라 때론 강한 희망을 주기도 한다. 인간이 삶이 고단할수록 우아한 꽃 그림에 더 깊이 감동하게 되고, 외롭고 고독할 때 들려오는 작은 멜로디에 눈물을 흘릴 정도로 살아있음에 감사하는 마음을 갖게 되는 것은 바로 예술이 인간을 위해 존재하는 이유이며 예술이 지닌 보편적 가치이다.

인생의 고됨을 느끼지 않는다면 아름다움의 감동은 크지 않을 것이다. 추운 겨울에 더운 여름의 고마움을 알게 되고 더운 여름에 추위의 필요성을 알듯이 예술은 인생의 고통을 인내하고 희망을 품게 하면서 인간을 보다 도덕적으로 만들어 성숙한 삶을 구현하도록 용기를 주는 도구가 된다. 또한 예술은 인간의 한계와 결여된 것들을 인식하게 하고 이것들을 채워주는 역할을 함으로써 치유의 기능을 발휘하기도 한다.

이러한 예술의 기능과 그 가치는 인간의 내적 감성 체계에서 본능적으로 만들어지기도 하지만 예술적 체험과 예술교육은 이러한 감정 체계를 더욱 활성화하여 미적 감각을 물론 감성과 정서를 풍부하게 한다.

미적 감각은 예술가들의 다양한 표현을 접하고 체험하면서 우리의 정서 체계에 체화된다. 또한 내가 인지하지 못했던 것들을 예술가의 감각으로 전달받을 때 비로소 보여지고 이를 감성으로 간직하게 한다. '휘슬러(Whistler)가 안개를 그리기 전까지 런던엔 안개가 없었다'고 말한 오스카 와일드(Oscar Wilde)의 표현이 바로 이점을 명확하게 설명하고 있다. 런던 시민들은 휘슬러의 안개 그림을 보기 전까지 안개의 이미지가 머릿속에 인식되지 않았다. 그러나 안개의 이미지에 대한 휘슬러의 예술적 감각을 보면서 안개를 이미지화하여 시각적인 예술 가치를 느낄 수 있었다. 일상생활에서 다양한 방법으로 경험하는 이러한 예술적 체험은 인간의 예술적 감각을 더욱 풍성하게 키워준다.

인간의 시각과 청각을 통해 머리와 가슴속에 들어온 예술의 분자들은 생활 속 미학을 발견하는 작은 촉이 되어 살아있는 순간의 아름다움은 물론 새로운 세계로 인도하는 길잡이가 된다.

이와 같이 예술은 하나의 작품으로만 존재하는 것이 아니라 우리의 정서 감각을 통해 내적 변화를 가져와 삶을 풍요롭게 하며 우리를 변화시킨다. 로마를 사랑했던 괴테가 사랑한 것은 로마의 예술품이 아니라 예술품 속에서 새롭게 변화되어 가는 자신이었다고 했듯이 예술은 인간의 정서를 움직여 감정의 빈곤을 방지한다.

런던의 안개가 모든 이에게 다 아름답게 보이는 것은 아니고 로마의 예술품들이 모두를 변화시키는 것은 아니지만, 최소한 예술이 우리에게 감동을 주는 것은 다양한 형태의 예술품에 인간의 모든 정서가 들어 있어 각자의 마음에 공감대를 만들어 주기 때문이다. 또한 대부분의 사람이 아름다운 작품을 좋아하는 것은 자신이 사는 세상이 아름답기를 바라는 희망을 표현하고 있기 때문이다. 반면 보편적 미의 인식체계에서 벗어나 비정형적이고 왜곡된 미를 표현한 작품들은 인간세계 현실의 슬픔, 고독, 허무와 같은 인간 감정의 날것을 그대로 보여줌으로써 이를 수용하고 인내하는 메시지를 전달한다. 이 해석은 '예술작품은 아름다워야 하는가?'라는 질문에 간단한 답이 될 수 있다. 추하고 부담스러운 예술작품은 인간이 숨기고 싶은 감정과 고통을 드러냄으로써 인간의 불완전성을 인정하고 이를 받아들이도록 우리를 격려한다.

예술의 보편적 가치는 예술이 다양한 형태로 생활 속에서 활용되어 인간의 감정 체계로 들어와 활성화될 때 더 큰 효과를 얻는다. 파리의 예술적인 삶의 강도가 그 어느 도시에 비교가 되지 않을 만큼 강한 것은 예술품의 접근성이 좋은 점도 있지만 예술이 생활로 들어와 활용되고 있고 사회의 예술 인프라를 이용하는 다양한 체험교육 덕분이기도 하다.

인간은 유전적으로 예술적 DNA를 갖고 있다. 그러나 감각 체계가 내재하고 있는 예술 감각과 취향을 끌어내고 키워나가는 것은 역시 사회환경과 교육이다. 예술교육환경은 사물을 바라보는 시각을 넓히고 인간만이 지닌 미적 감각을 키워주어 정서적 순화와 감정을 풍부하게 할 뿐만 아니라 창조적 인간으로 성장케 한다.

하얀 백지 속에 숨겨진 예술의 DNA는 교육과 시각적 체험의 색들이 입혀질 때 잠에서 깨어 활성화된다. 이렇게 형성되는 예술 감각은 예술에 대한 관심, 예술 재능을 키울 뿐 아니라 예술의 생활화를 유도한다.

프랑스 벨 에포크 시절의 예술에 대한 관심이 오늘날의 예술환경을 구축하면서 예술교육이 중요한 자리를 차지하게 되었다. 프랑스의 저렴한 비용으로 접근성이 뛰어난 예술교육과 예술문화 인프라는 인간의 예술성 소양과 취향을 사회화하는 장의 역할을 충분히 하면서 예술 분야의 발전을 이끌고 있다.

이러한 환경을 조성하는 주역은 역시 정부의 문화 정책이다. 우리가 경제성장에 매진할 동안 프랑스는 문화 성장에 매진하였다. 역대 대통령들은 정치적 평가보다는 문화 정책에 대한 평가에 민감하고 문화 인프라 조성에 서로 경쟁하듯 대단한 열정을 보여 주었다. 이러한 열정은 대통령들의 문화 정책에 대한 일종의 책임감이지만 살벌한 정치 세계에서 세련된 정치 지식인의 이미지를 주기도 한다. 문화의 가치와 문화가 주는 사회적 역할을 잘 이해하고 있는 문화 리더의 자질이 있는 역대 프랑스 대통령들의 문화에 대한 관심과 높은 문화 수준은 예술 인프라 조성으로 실체화되면서 파리의 예술성을 강화해 왔다.

프랑수아 미테랑(François Mitterrand) 대통령은 10년이 넘는 임기 시절 매우 풍부한 문화 정책을 이끌어 나폴레옹 3세 이후 가장 많은 문화 정책을 펼쳤다는 평가를 받고 있다. 그의 이름을 딴 '프랑수아 미테랑 국립 도서관(Bibliothèque Nationale de France)'의 건축물은 책 모양의 4개 유리 탑으로 지어졌고 내부의 시설도 상당한 수준으로 많은 주요한 자료를 소장하고 있다. 조르주 퐁피두(Georges Pompidou) 대통령은 현대 미술품이 주로 전시되는 퐁피두 센터(Centre de Pompidou)를 만들었고 쟈크 시라크(Jacques Chirac) 대통령은 오세아니아 아시아, 아프리카 국가의 문화재를 전시하는 '케 브랑리 박물관(Musee Du Quai Branly)'을 건립하였다.

대통령들의 문화에 대한 관심과 사랑은 대통령의 지성과 감성의 품격으로 인정받는다.

경제적 빈곤을 부끄러워하지 않고 문화와 예술에 대한 무관심과 철학적 인식의 부재를 부끄러워하고, 부유한 대통령보다 가난한 고호를 더 높게 평가하는 프랑스 국민의 소리에 귀 기울인 결과이기도 하다.

국가의 문화 정책과 예술교육을 통해 이루어지는 예술의 대중화는 예술과 생활을 접목하는 생활예술환경을 조성하고, 다시 이러한 환경은 예술교육의 실제적인 체험장으로 몸으로 체화되는 예술학습을 유도한다.

예술의 학습장으로서 주요한 역할을 하는 박물관, 미술관, 음악 공연장, 관공서, 백화점 등 파리의 다양한 건축물들은 파리 시민들이 직, 간접적으로 생활 속에서 예술을 학습하고 체화하는 곳이다. 파리 곳곳에 있는 유명화가 피카소(Picasso), 달리(Dali), 외젠 들라크루아 (Eugène Delacroix) 등등의 미술관은 양적, 질적으로 고전 회화 작품의 높은 보유량을 갖고 시민들의 예술교육장과 문화 콘텐츠로 일상생활 속에서 활용되고 있다. 파리 시민들은 이러한 예술작품에 대한 높은 접근성으로 예술적 감각을 키워 일상생활에서도 미적 센스를 발휘한다. 그래서, 프랑스에서의 예술은 미술관이나 박물관에만 있지 않고 생활문화에서도 쉽게 찾아볼 수 있다. 예를 들어, 프랑스인들의 식문화는 예술의 영역으로 들어와 프랑스인들의 인생철학을 담아내고 있다. 프랑스 요리는 식재료의 과학적 시도뿐만 아니라 음식을 담아내는 모양은 시각디자인의 영역을 넓히고 생존을 위한 섭취에서 사람의 오감을 즐겁게 하는 생활 철학과 생활 미학으로 발전하고 있다.

생활에서 예술적 감각을 알 수 있는 또 다른 것은 이들의 의복 문화이다. 자기만의 개성이 강한 옷차림과 독특한 의복의 색 조합은 실험적이면서도 멋지다. 이러한 프랑스인들의 의복 문화에 부응하는 유명디자이너들의 패션에 대한 열정과 시험적 시도는 세계적인 패션을 선도하고 복식 예술을 발전시키고 있다.

이와 같이 프랑스의 예술은 박물관이나 미술관에 갇혀 있는 것이 아니라 생활 속에서 기능하는 모든 생활용품 안에서 기능성과 더불어 예술성을 발휘한다.

예술의 사회화와 생활화는 끊임없이 변화 발전하여 하나의 보편적 가치로 도시 미학과 생활 미학을 주도하고 인간의 정서를 자극하고 인간의 감정을 순화하는 역할을 한다.

사회의 문화 콘텐츠와 문화공간은 자본주의 경쟁사회에서 숨을 쉴 수 있는 공간과 시간이 되어 정서적인 안정감을 제공하고 예술을 접하는 시간의 길이는 심리적 압박감과 반비례하고 생활의 정서적 감정과 비례한다.

파리를 예술의 도시로 만든 것은 엄청난 양의 문화유산과 문화콘텐츠 그리고 예술교육만이 아니라 프랑스인들의 문화에 대한 사랑도 큰 몫을 하고 있다. 프랑스인들의 예술에 대한 사랑은 유난스럽지 않은 단단한 내공과 같다. 예술교육이 예술에 대한 관심을 갖게 하고 관심은 다시 애정으로 변하면서 여기에 프랑스인들의 철학적 사유가 얹어져 예술에 대한 사랑이 깊어진다.

예술을 통한 철학적 사유는 물체로서의 예술작품에 숨겨진 정서적인 메시지를 찾아 근본적인 삶의 가치를 알려준다. 그래서 예술작품의 감상은 눈에 보이는 미와 더불어 눈에 보이지 않는 것을 상상하고 해체하고 재해석하는 관람자의 동참을 요구하고 작품 내면에 들어있는 철학적 사유를 가능케 한다.

예술은 인간과 삶에 대한 철학적 사유를 바탕으로 이루어지는 인간의 창조적 표현방식이 하나의 미학으로 완성되는 인간의 잠재적 지능과 재능의 결합체이다.

르네상스 이후 프랑스 철학자들의 사유는 인간의 존재성과 더불어 인간 생활 형태의 예술적 인식으로 발전하였으며 철학적 사유는 학습을 통해 세대로 전승되었다.

보고 느낄 줄 아는 심미안, 철학을 통한 미학의 접근, 역사와 예술의 가치에 대한 인식, 이러한 것들은 생활과 교육을 통해 학습되어 세대로 이어지고 있다. 획일적이지 않은 다양성, 변화에 두려워하지 않으면서도 옛것을 존중하는 세련된 세대의 조화, 인식과 지식 체계의 풍부함, 모방보다는 개체의 특성에 몰입하는 사고방식 등을 학습하면서 예술에 대한 사랑을 키워가고 있다.

예술품은 일회성으로 사라지는 것이 아니라 시간과 시대를 초월하는 탈 시계성을 지니고 있다. 그러나 파리의 예술성은 탈 시계성과 시계성이 공존하여 현대 예술의 감각이 얹히고 어우러지면서 새로운 예술이 만들어지는 시계성의 창조가 클래식한 탈 시계성의 예술과 잘 어우러져 있다. 시간의 흐름 속에서 해체, 조합, 재생의 반복으로 이루어지는 역사성이 주는 품위가 공존한다. 이 품위는 거부, 배제, 차별을 외면하고 수용, 포용, 너그러움, 따뜻함을 흡수하는 어머니의 품위와도 같다. 더불어 세대마다 다른 느낌과 다른 해석이 주는 개별성을 동시에 지니고 관람자 개개인의 감성을 자극하고 위로하는 가치가 있다.

예술의 가치를 학문적으로 분석하는 것도 필요하지만 보고 들으면서 감정의 핏줄들을 살아 숨 쉬게 하는 작은 감흥 자체로 이미 예술의 존재 가치는 충분하다. 그러므로 예술은 특정 집단의 소유가 되어서는 안 되며 인간 생활의 한 부분으로 존재하여야 한다. 19세기 톨스토이(Tolstoi)는 자본주의 사회에서 경제적 기득권층의 예술에 대한 소유, 예술시장 노동자들의 열악한 노동조건 그리고 이를 이용하는 자본가들을 비판하면서 예술은 인간 생활의 한 조건이 되어야 한다고 역설하였다.

예술의 보편성은 세대 전승으로 이어져 선조들의 예술작품과 예술성에 후손들의 예술에 대한 관심, 감각 그리고 노력이 더해져 세대 간의 연대를 형성하는 주요한 역할을 한다.

또한 이 과정은 과거가 현재시간에 눌리지 않고 오히려 과거가 현재를 이끌면서 지금의 시간과 재능을 빛나게 해 주는 시간-융합의 효과를 간과하지 않는다.

세계의 모든 메트로폴리탄은 자신만의 색과 이미지를 갖고 있다. 물리적 예술성과 정서적 예술성의 조합이 시간과 함께 형성되어온 파리의 도시 예술은 세계인들이 가장 선호하는 관광지로서의 명성뿐만 아니라 파리 시민들의 문화 자긍심을 높여주고 있다. 관광으로 파리를 방문하는 기간은 1년을 잡아도 충분치 않을 정도로 파리의 문화 콘텐츠는 질과 양에서 세계 1위라 해도 과언이 아니다. 건축, 미술, 음악, 패션, 생활 디자인 등등 예술의 총체적인 집합지이다. 무엇보다 파리는 전통적인 예술을 보존하면서 늘 새로운 시도와 새로운 변화로 현재와 과거의 조합이 절묘하게 표현되는 도시이다.

소설가 발자크(Balzac)는 파리를 '즐거움을 만들어 내는 대도시의 거대한 작업장'으로 표현하였으며, 쉬지 않고 끝없이 행진하고 있는 파리 시내를 여유롭게 거니는 사람들인 플라네르(Flâneur)를 '시각적 미식주의'로 표현하였다.

각자가 체험하는 예술품의 감흥은 다양하고 개별적이며 동시에 보편적이기도 하다.

동양 예술에 익숙한 사람들에게 파리의 다양한 문화 콘텐츠는 서양 예술의 다른 면을 보여주면서 예술의 다양성을 알게 해 준다. 또한 예술은 박물관에만 존재하는 것이 아니라 일상생활 속에서 더 깊고 더 가까이 존재한다는 것을 알려주면서 파리는 이방인을 홀대하지 않고 모든 이에게 자신의 아름다움을 나누어준다. 파리가 나누어주는 아름다움은 과거의 아픔을 치유해 주고 미래의 희망을 꿈꾸게 하면서 인생은 살만하다는 암시와 용기를 주는 위로와 희망의 메시지이다. 파리의 도시 예술은 인간을 누추하게 만들지 않으며 인간의 격을 알게 해주고 인간의 감정을 살아나게 한다. 파리는 사랑이 이루어지는 곳이고 낭만이 있는 곳이라는 표현은 파리지앙들의 사랑 표현의 기술이 아니라 파리의 도시 예술이 인간의 경제 자본의 결핍을 문화자본이 충분히 채워주고 우리의 감정을 풍부하게 해 주기 때문이다. 무생물인 파리의 건축 예술은 너무나 다양하고 복잡한 인간의 생물적 감정을 정화하면서 인간 내면에 지닌 아름다움의 요소들을 섬세하게 살아나게 해 줄 뿐 아니라 이러한 영향력은 건축물 자체에도 생명을 주어 건축물들의 존재를 더욱더 튼실하게 만들어 준다.

예술 교과서 같은 파리의 다양하고 방대한 예술품들은 움직이지 못하는 유형의 물체들이지만 사람들의 마음 깊은 곳까지 어루만지면서 기쁨과 위로 그리고 살아있음에 감사하는 마음의 촉들을 새롭게 하여 인간에게 예술이 필요한 이유를 묵직한 존재 자체로 들려주고 있다.

# 명품과 사치의 경계에서
# 이루어지는
# 파리의 소비문화

Walk around Paris through the humanitiesris

**인간의** 일상은 무언가를 생산하고 이 생산을 소비하는 행태의 반복이다. 생산이 다양해지듯 소비 역시 다양한 형태와 방법으로 변화되어 왔다.

생활에 필요한 것을 스스로 생산하고 소비하는 시대를 지나 산업 사회가 등장하면서 생산이 양적으로 증가하고 소비재 선택의 폭이 넓어져 인간의 삶은 생산과 소비의 시간으로 채워진다는 표현이 부담스럽지 않다.

물리적인 것뿐만 아니라 감정, 정서, 관계에서도 끊임없이 반복되는 생산과 소비 순환은 자본과 산업이 맞물려 어마어마하게 양산되고 있다.

역사적 배경뿐만 아니라 인류 사회학적 배경에 따라 다변적으로 진화, 발전하여 온 소비는 물건을 구매하고 사용하는 그 이상의 상징적인 기호 체계가 되어 한 사회의 문화성을 반영하면서 하나의 문화로 자리를 잡았다. 소비를 문화의 범주로 설명할 수 있는 것은 소비가 다양한 장르, 다양한 장소, 다양한 형태, 다양한 요인으로 유기적인 상호 작용을 하고 있기 때문이다. 또한 필요한 물품을 구입하는 것으로 시작한 소비가 노동의 보상, 욕구와 욕망의 해소, 정체성의 표현 등 다양한 의미를 갖고 있기 때문이기도 하다.

상징적 사회 기호를 나타내는 소비재의 대표적인 것으로 의복 소비를 들 수 있다. 의복으로 포장되는 외모는 정체성의 표현과 개별이미지를 잘 나타낸다. 신분 차별이 명확했던 시대의 왕족, 귀족과 같은 상류층과 평민의 의복은 흑백의 색처럼 단호하게 달랐다. 고급 재질의 호화롭고 화려한 귀족 의복은 귀족의 상징적 이미지로 평민의 접근을 차단하고 평민과의 차별을 강조하였다.

이러한 소비재를 구입하고 사용하는 것은 지위를 구입하는 것만큼 불가능했기 때문에 고급 사치품은 귀족들의 전유물로 평민과의 구별 짓기에 좋은 수단이었다. 특히 지리상의 발견 이후 새로운 대륙의 물건들이 소개되면서 신 물물에 대한 호기심과 소유욕 그리고 과시욕은 구입 능력이 가능했던 귀족들만이 누릴 수 있는 특권으로 그들만의 사치재로 더욱 발전하였다. 프랑스는 루이(Louis) 14세 때 남성들의 의복 사치가 절정을 이루었다. 의복뿐만 아니리 액세서리, 구두, 심지어 남성들의 화장이 유행하면서 이들의 사치는 성문화된 규범보다는 사회적으로 코드화 되어 계층을 구분하는 대표적인 사회적 도구였다. 불과 몇 센티미터의 바지 길이의 차이가 사회 계층을 구별 지었던 당시 남성들의 하의 반바지였던 뀌로뜨(Culotte)는 귀족들만이 입었으며 평민 노동자들은 긴바지를 입었다. 프랑스 혁명을 위해 활약을 했던 쌍뀌로트(Sans culotte: 반바지를 입지 않은)들은 귀족들이 입었던 반바지를 입지 않은 민중 세력을 의미하여 당시 바지 길이는 하나의 사회 계층의 표시이며 상징적 기호였다.

그러나 의복의 구별 짓기는 프랑스 혁명 이후 절대왕권의 몰락으로 궁 안 재단사들의 고객층이 일반인들로 바뀌면서 의복의 민주화로 변화되어 의복은 사회계급을 구분하는 기호에서 벗어나 대중들의 사치 소비혁명을 일으킨 요인이 되었다.

평민과 구별된 귀족들의 의상은 늘 대중들의 관심이었고 이를 모방하는 욕구가 컸는데 이는 의복 자체에 대한 것보다는 의복이 상징하는 지위에 대한 욕구, 인정에 대한 욕구였다. 도달할 수 없는 지위는 접근과 욕구를 철저하게 차단했지만 의복의 민주화로 지위의 가시적인 접근이 허용되면서 그동안 눌려있었던 눌림의 반등 크기만큼 욕구의 분출 또한 대단했다.

특히 자본력을 가진 신흥 부르주와들은 경제 자본을 통해 귀족들이 즐겨하던 액세서리나 의복 등, 귀족의 외모를 모방함으로써 지위 상승의 착시 효과를 즐겼다.

계급의 평등화와 자본의 민주화로 사회가 바뀌면서 귀족들만의 사치는 계급의 경계를 넘어 대중의 마음을 유혹하였다. 과시적인 모방 소비는 주체적인 미적 가치나 물건에 대한 판단력, 심미안, 취향 등에 의한 것이라기보다는 신분 이동의 착시효과, 인정욕구, 과시, 보상 등 다양한 요인들을 내재하면서 합리적인 소비라기보다는 사치 소비로 자리 잡았다.

사치 소비는 개인의 삶의 가치, 내재된 문화적 요인보다는 군중심리와 경쟁심리적 요인으로 움직이기 때문에 안정되고 편안한 행복감보다는 불안정하고 위태로움이 있는 소비 행동이다. 지불 능력이 없는 사람들의 과도한 구매는 경제적 부담이 되고 이로 인해 개인 생활이 파괴되고, 퇴폐적이며 비도덕적인 새로운 사회문제를 만들었다.

베블런(Veblen)은 저서 '유한계급'에서 이러한 사회의 상황을 잘 설명하였다. 재력이 있는 남성들은 주로 부인의 의복이나 사치품의 구매로 자신의 경제력과 지위를 과시하여 남성들의 전유물이었던 호화로운 사치 소비가 여성들에게로 확장되었다. 남편의 재력 덕에 호화스러운 사치를 하는 이런 여성들은 지식이 없이 겉으로만 화려한 열등한 인간으로 폄하되어 비난을 받기도 했지만, 여성들의 사치는 여성들의 욕망과 결혼의 성공이라는 편견, 그리고 남성들의 자본력 과시로 상당히 오랫동안 유지되었다.

모파상(Maupassant)은 소설 『목걸이』에서 당시 여성 허영의 실체를 상세하게 묘사하면서 사치의 허무를 강조하였다. 주인공은 친구의 진주목걸이를 빌려 자신의 빈곤을 감추고 작은 허영을 부려 보다 진주목걸이를 잃어버린다. 그녀는 잃어버린 친구의 진주목걸이를 보상하기 위해 10년이란 긴 세월의 힘든 노동으로 삶이 피폐해져 결국 몇 시간의 허영에 대한 책임이 인생의 가혹한 멍에가 되었다. 소설은 여기서 끝난 것이 아니라 바로 빌린 그 진주목걸이가 가짜였다는 반전으로 모파상은 당시 사치의 실체를 해부하여 사회적 메시지를 던진 것이다. 사치의 허무함을 여성의 허영을 통해 보여준 시대 소설이라 할 수 있지만 소설이 주는 메시지는 오늘날에도 강한 울림이 되고 있다.

당시 여성의 사치 소비는 주체적인 소비가 아닌 타인의 기준에 의한 소비를 지향하는 정치적 도구이기도 했다. 18세기 들어서 여성 신체의 곡선은 새로운 평가를 받기 시작하고 여성 몸의 미적 가치는 여성성의 주요 개념이 되었다. 여성의 의복은 여성적인 몸의 곡선을 강조하면서 그전까지 평가받지 못했던 여성의 몸에 대한 여성 스스로의 자부심과 이를 더 강조하려는 여성의 심리적인 요인을 이용하여 재단되었다. 당시 여성들의 의복에 중요한 자리를 차지했던 코르셋은 남성주의의 정치 사회적 도구였지만 여성들은 이러한 도구적 역할에 대한 자성의 인식보다는 남성들의 인정에 대한 욕구로 숨을 참아가면서 코르셋을 포기하지 못했다. 과도한 몸의 곡선을 강조하는 여성의 의복 문화는 여성들의 몸을 변형시키는 노예적 몸의 착취였으며 일종의 자기학대이기도 했다. 그럼에도 불구하고 여성들이 열광한 이유는 몸의 아름다움을 통해 자신을 나타내고 인정받기를 원하는 여성의 심리적인 욕구가 저변에 강하게 있었기 때문이다. 여성의 몸에 대한 찬사는 여성성을 강조하는 의복과 사치품을 양산했으며 여성 의복 가격 역시 여성의 몸의 가치와 비례 상승하여 여성 의복 가격은 남성 의복의 몇 배가 되었으며 여성의 몸 꾸미기와 소비 취향은 자연히 사치라는 개념으로 연결되어 사치의 여성화가 시작되었다.

이와 같이 이 시기 소비는 개인적이기보다는 대중적이었고 윤리적이기보다는 정치적인 요인이 강하게 작용하여 특히 여성의 사치 소비가 소비문화를 주도했다.

자기 취향을 만들지 못한 여성들의 종속적 소비는 유행에 민감했는데 이는 일종의 연대 의식과 소속에 대한 욕구의 표현이었다. 또한 신분 상승의 착시효과를 원했던 여성들은 경제적 능력에 합당하지 못한 무리한 소비와 외형에 집착하는 경향으로 사치의 부정적 의미를 만들었다. 여성들의 소비가 집단적, 연대적 소비였던 반면 남성들의 소비는 성공의 과시, 노동의 보상 등으로 개인적 차원에서 이루어졌다. 이후 이러한 사치 소비는 의복이나 장신구에서 점차 다른 소비재로 확산이 되었다.

사치의 영어 단어 럭셔리(Luxury)의 어원은 지나침을 의미하는 라틴어 luxus로 '필요 이상', '쓸데없음', '분수에 넘침' 등을 의미하기 때문에 사치에는 경제력에 비해 과도한 소비를 하는 허영과 과시의 개념이 강하게 존재한다.

철학자 파스칼(Pascal)은 인간의 욕망에 기반한 사치의 욕망을 권력 욕망, 소유 욕망, 그리고 감각에 대한 욕망으로 설명하고 있어 사치에는 인간의 다양한 욕망이 복합적으로 포진되어 있는 것을 알 수 있다. 인간 심리 저변에는 이러한 욕망의 잔재들이 있어 사치 소비에 끌리게 된다. 사치 소비는 과시적이고 시샘 질투의 감정이 들어 있으며, 갑옷과 같이 자신의 본래의 모습을 완벽하게 차단하고 원하는 이미지의 가면을 쓰는 행태로 부정적인 의미가 깔려있다. 부유한 상류계층의 사치 소비는 부와 지위의 상징, 문화적 취향을 나타내는 그들만의 소비행태로 계층 구별 짓기에 적극적으로 활용하고 있는 반면에, 중산층은 자신의 계층에서 벗어나 상류층의 소속을 위장하는 수단으로 사치 소비에 동참한다. 이러한 심리는 헤겔(Hegel)이 설명한 『인정욕구』로, 경제력과 사회적 지위를 암시하는 고가의 소비재를 모방함으로써 사회 계층이 이동되는 착시를 스스로 느끼고 타인에게 자신의 가장된 신분을 노출함으로써 인정을 요구하는 것이다. 이러한 상류층에서 하류층으로 전달되는 사치 소비를 짐멜(Simmel)은 『트리클 다운(Trickle down)』으로 표현하였다. 인간의 쾌락 본능은 실질적 효능성보다는 욕망을 위한 충동적인 소비를 부추기고 개성이 없는 소비의 몰개성을 유도하여 속물성, 과시적 취향, 구별 짓기를 내재한 사치 소비로 덤벼들게 만든다.

반면, 사치 소비가 지닌 긍정적인 면도 분명히 존재한다. 사치 소비를 경제학적으로 분석한 버나드 맨더빌(Bernard Mandeville)의 꿀벌 우화는 사치 소비를 긍정적인 측면에서 들여다 본 이야기이다. 그는 인간의 이기적인 악덕이 사회의 이익이 되고, 더 나아가서 이 사회를 온전히 보존하고 발전시키는 원동력이라고 주장했다. 예컨대, 사치는 개인의 경제 자본을 파괴하는 악이 아니라 오히려 이 사회의 경제를 활성화하는 이익이 된다는 것이다. 루비통(Louis Vitton)을 비롯하여 디올(Dior), 헤네시(Hennessy), 티파니(Tiffany) 등 많은 명품 브랜드를 운영하고 있는 프랑스 1위 기업인 LVMH의 2020년 판매액은 534억 유로로 세계 1위를 기록했다. 프랑스 연간 GDP 5,880억 유로의 거의 10% 수준의 이 규모는 초호화 제품이 프랑스의 경제시장과 고용시장에 미치는 영향력을 충분히 짐작할 수 있어 꿀벌의 우화를 증명하고 있다.

또한 경제적으로 구매 능력이 있는 계층의 사치 소비는 경제의 과용과 부담의 개념이 아닌 소비의 질과 가치 개념으로 긍정적인 평가를 받는다. 인간의 사치는 단순한 물품에 대한 사치가 아닌 정서적인 문화적 사치가 동반되었을 때 진정한 명품의 의미를 갖는다. 몰개성에서 벗어나 재질의 고급화, 세련된 수작업, 디자인 그리고 자신의 취향이 혼재된 물건의 가치를 추구하는 것이다.

호화 소비시장은 의복이나 가방 액세서리 등 외모를 치장하는 수준에서 가구, 실내 인테리어 등 생활용품으로 넓혀져 생활소비재의 고급화는 삶의 질을 높여주고 생활을 풍요롭게 하는 측면도 있다.

명품의 가치는 민주주의의 이상으로 표현되기도 하는데 이는 명품에 대한 관심과 구매 욕구는 현대인들의 물질적 행복만이 아니라 물질이 주는 정신적인 행복감, 스스로 선택하는 소비의 자율성, 취향성 그리고 전통적인 생활양식에서 벗어나 새로운 세계를 구축하려는 자유 의지 등이 작용하고 있기 때문이다.

생활 예술, 실용 예술의 영역이 넓어지면서 실내 용품은 생활에 필요한 효용성과 함께 개인의 디자인 취향이 중요한 구매 요인이 되어 상품의 디자인은 소비시장의 판도를 바꿀 정도로 강한 영향력을 갖고 있다. 사용 효능성에 시각적인 디자인이 입혀지면서 소비재는 예술의 영역으로 들어와 이제 예술품은 벽에 걸려 시각적 효과만 주는 것이 아니라 거실과 부엌 공간에서 실제로 사용하는 일상 용품에 예술이 입혀졌다. 작은 종이 위에 그려진 명화의 가치처럼 생활제품의 디자인은 예술적 가치로 평가되어 개인의 미적 취향과 예술적 안목에 의해 소비가 이루어진다. 유명 디자인 작가들은 거실의 의자 테이블, 전등과 가구, 부엌 용품들을 자기만의 색깔로 디자인하여 생활 예술의 장르를 만들었다.

프랑스는 다양한 예술 분야의 디자이너들이 소비재를 만들어 내면서 소비자들은 브랜드보다는 예술적 취향에 따라 소비를 결정하고 있다. 산업디자이너로 다양한 생활제품을 만들어 내는 필립 스탁(Philippe Starck)의 유명한 의자 '루이 고스트(Louis Ghost)'는 의자의 투명 아크릴 재질보다는 루이 14세의 의자를 재해석한 디자인으로 유명하다. 그는 부유층을 위한 2억 유로의 요트도 디자인하고 가난한 이들을 위한 2유로짜리의 우유병도 만든다는 신념으로 제품의 실용성에 예술을 입혀 물건의 격을 창조해 내고 있다.

예술적 가치를 지닌 소비재는 소비자의 미적 취향에 따라 효능성과 함께 소장의 가치로도 구입이 되어 오늘날 소비는 단순한 과시에서 벗어나 문화자본으로 형성되면서 소비는 경제 자본과 문화 자본의 연결된 순환구조 안에서 이루어지고 있다.

생활용품에는 물건이 지닌 역사성이 내재되어 있어 구입한 소유자의 추억을 담으면서 가치를 더 발휘한다. 자기만의 스토리가 있고 개인의 취향이 녹아 있는 물건들은 진정한 명품이 되고 이러한 명품의 소장은 경제 자본에서 문화 자본으로 변환되고 있다. 문화 자본은 무조건의 모방보다는 다층적인 학습 체계와 배경을 통해 체화된 안목으로 형성되기 때문에 이제 명품은 경제 자본보다는 문화 자본에 의해 소비된다.

부를 과시하고 신분 상승의 착시를 위해 구입했던 모방의 사치 소비는 이제 대중의 눈길에서 자신의 감정을 더 중시하는 개인주의로 돌아섰다. 소비는 신개인주의 논리로 자신을 평가하는 도구로서 재구성되고 계급의 이미지보다는 개인의 이미지 향상을 위해 이용되고 있다. 일종의 탈 제도화 현상으로 집단 규범에서 벗어나려는 개인의 개성화가 강조되면서 사치품은 개인의 취향과 소비의 질이 강조되는 명품의 개념으로 자리 잡고 있다.

보수적 규범, 인식, 편견에서 탈피하여 스스로를 자유롭게 하고 삶의 질을 추구하는 보보들의 소비 취향도 명품 소비와 같은 맥락이다. 자신에게 충실한 소비는 취향, 삶의 질에 대한 인식, 건강에 대한 관심, 경제적 투자의 개념으로 소비의 질을 높인다.

이제 명품 소비는 취향의 감동뿐 아니라 생활에 활력을 주는 전시성이 아닌 생활 밀착성으로 전환되고 있다

구별 짓기의 도구였던 프랑스 사회의 소비행태가 이제는 학습된 취향, 교육된 안목 등으로 형성된 자신의 취향에 의해 상품을 선택하고 사치를 통제하고 있는 듯하다.

이러한 소비인식은 사회환경적 배경이 중요한 요인이 된다. 물건을 구입하는 물질적 소비와 문화 예술을 즐기는 문화 소비는 모두 교육, 가정환경, 연령, 경제 자본 규모에 따라 다른 선택 취향을 보이면서 개인

의 상징 자본이 되고 있다. 상징 자본은 주로 경제 자본과 문화 자본으로 형성이 되는데 소비가 활발해지기 시작한 시기에는 경제 자본이 소비에 많은 영향을 주고 경제력이 소비를 유도한 주요 요인이었다면 오늘날의 소비는 경제 자본보다는 문화 자본이 더 영향을 준다. 어릴 적 문화적 환경의 접근성은 문화 예술 소비재의 가치에 대한 인식과 취향 형성에 밀접한 영향을 주어 성인이 되면 자기만의 합리적인 소비를 하게 된다.

그러나 문화 자본이 미비한 개인은 여전히 모방 소비에 눈을 돌리게 된다. 또한 소비가 경제 자본에 편승하여 일종의 투자심리를 조장할 경우 소비 수준은 경제적 요인에 의해 변조되는 위험성을 갖고 모방 소비를 부추긴다.

이러한 소비심리를 정확하게 파악하고 있는 명품 소비 시장은 예술적 가치와 자본 논리가 씨실과 날실의 조직처럼 짜인 기업의 판매전략에 의해 취향과 자본의 구별 짓기를 하면서도 이율배반적으로 끊임없이 소비자들을 구별 짓기 게임으로 유혹하고 있다.

소비재의 광고판은 너무나 친절한 안내로 우리가 먹어야 할 것, 입어야 할 것 그리고 살아가는 방식까지 일일이 알려주는 코칭 역할을 한다.

이렇게 획득되는 정보는 검증되지 않은 채 개인의 두뇌에 지식이라는 이름으로 각인 되고 있다. 그러므로 오늘날 소비자에게 던져진 어려운 숙제는 적절한 정보의 거름망과 자신의 생활철학을 바탕으로 물품과 소비의 가치를 파악하는 것이다.

다행히도 오늘날 소비자들은 윤리 소비나 가치 소비라는 개념으로 새로운 소비문화로 만들어 가고 있다.

최근 10년간 소비자들의 소비개념이 매우 다양해지면서 소비행태는 고급 제품에 대한 선호, 사치품에 대한 관심에서 벗어나 점점 더 개인의 생활 철학이 스며들기 시작했다.

단순히 물품을 구입하는 것에서 벗어나 제품 생산 과정의 사회적 윤리를 들여다보는 소비 의식은 물건의 품질 평가뿐 아니라 물건을 생산하는 과정, 제작자의 제품 생산윤리, 노동자의 노동권과 같은 제품 안에 들어있는 물적, 인적 자원의 가치를 평가하는 기준이 넓고 깊어지고 있어 소비에 대한 개념이 업그레이드되고 있다. 19세기 초 설탕 생산 과정에서 노동자들의 권리와 생산 과정의 윤리성이 제기되었던 것처럼 오늘날 상품의 생산 과정에 19세기 그 이상의 엄격한 잣대가 다시 부활하였다.

소비의 사회 도덕적 의미를 담고 있는 윤리적 소비는 생산 과정과 판매 과정의 윤리성에 주시하면서 생산 과정에서의 노동자의 권리와 지구환경을 함께 생각한다. 예를 들자면, 저개발 국가의 낮은 임금을 이용하는 노동력 착취나 산업 쓰레기 배출이나 환경을 고려하지 않는 무분별한 생산은 상품의 비윤리성으로 소비자들은 이러한 소비재를 거부한다. 오늘날 소비자들은 물건의 완성품만 보는 것이 아니라 물건 제작 과정의 윤리성도 면밀하게 체크하고 더 나아가 수정을 요구한다. 유명 대기업이나 커피농장 기업이 미성년 노동력을 착취하거나 저임금 고강도의 노동을 이용하는 정보에 소비자들은 이들에 대한 법적 제제와 불매 운동에 적극 참여한다.

정치를 통해 이루어졌던 지구적 연대가 이제는 지구촌 인구들의 소비 운동으로 확대되고 있다. 대중의 관심이 집중되는 유명인들이 이러한 운동에 의식을 갖고 적극적인 참여로 대중을 리드한 사례는 드물지 않다. 영향 있는 유명인들의 리더십은 유행만을 주도하는 것이 아니라 올바른 소비를 알리기도 한다. 몇 년 전부터 모피 판매를 반대하는 패셔니스트들의 운동은 환경과 동물보호를 위한 매우 적극적인 소비 메시지이다.

이와 같이 오늘날 소비는 구매 활동, 물품의 사용에 머무르지 않고 소비재의 생산 과정에서의 상업과 노동윤리까지 아우르는 인간의 행동적 철학을 담고 있다.

윤리적 소비와 유사한 가치소비는 개인의 철학적 신념을 소비로 이루는 새로운 소비문화이다.

윤리적 소비가 기업의 생산 윤리성에 초점을 맞추었다면 가치소비는 개인의 신념과 철학이 소비의 주요한 요인이 된다. 스스로 판단하는 가치에 따라 소비활동을 하는 것으로 신분상승이나 과시의 수단이 되었던 소비가 개인의 철학적 가치를 표현하는 수단으로 변화된 것이다. 미닝아웃(Meaning out)으로 표현되는 개인의 가치소비는 지구환경을 위한 제로 웨이스트 실천, 리사이클링의 재료에 대한 관심, 그리고 공정무역과 같은 의미 있는 상품에 관심을 두고 사회적 가치를 실천하는 개인의 소비행태이다. 점점 더 확산되는 가치소비는 메시지 전달을 담당했던 사회의 유명 인사들의 참여뿐만 아니라 일반 대중들도 의식을 갖고 적극적으로 참여하고 있어 이러한 소비는 정치의 투표권처럼 자신의 소비권리와 자신의 의사를 적극적으로 반영하는 경제적 투표권으로 표현하기도 한다.

오늘날 소비는 단순하게 생활에 필요한 물품을 구입하는 것에서 훨

씬 더 확장된 개념으로 인간의 정서적, 정신적인 요인과 철학적 신념들이 내재 된 새로운 소비문화를 형성하고 있다.

누군가를 돕기 위해, 사회적 메시지 전달을 위해, 지구환경을 위해, 자신의 철학적 행동 가치를 위해, 등등 소비는 윤리적, 철학적, 정치적인 동시에 사회연대적인 멀티 기능사로 변신하였다. 오늘날 우리는 이 멀티기능사인 소비를 동반하고 적극적으로 자기 목소리를 내면서 사회를 변화시키고 있으며, 일회적이고 소모적이었던 소비는 삶의 의미를 찾는 다양한 방법의 하나가 되어 가치를 형성하는 생산적인 문화 콘텐츠로 진화하고 있다.

새로운 개념의 명품에는 물건의 효능성에 예술성을 가미하여 물건의 품격을 소비자들의 품격과 연결해 소비자들의 가치소비와 소장 욕구를 자극하는 요소들이 함축되어 있다. 사용의 효율성, 소장의 가치, 취향, 사회적 메시지, 예술성 등을 고려한 소비재는 플렉스 족의 사랑을 받으면서 사치가 아닌 명품으로 인정받는다.

프랑스의 초호화 명품 시장은 세계적인 수준으로 날로 확장, 번영하고 있다. 이러한 발전은 물건이 지닌 시간성이 만들어 내는 전통의 가치에 후세들의 예술성을 입혀지면서 새로운 가치로 업그레이드되기 때문이다. 프랑스 명품 디자이너들의 소비재와 예술을 접목하는 끊임없는 노력으로 일상의 용품들은 예술품으로 재탄생되고 있어 많은 생활 소비재는 일회적인 소모품에서 벗어나 시간과 함께 가치가 높아지는 소장품이 되고 있다.

고가의 명품이 모든 이에게 동질의 만족감이나 행복을 주는 것은 아니다. 엄청나게 생산되는 소비재는 소비자들의 선택권을 넓혀주고 각자의 기호와 취향에 따르는 소비활동으로 자기만족과 행복감을 안겨준다. 소비를 통해 삶의 가치를 표현할 줄 아는 슬기로운 소비문화는 명품에 대한 인식을 재해석하고 재구성한다. 마치 일상의 지루함을 개인들의 자각과 철학적 인식으로 새로운 행복감과 개인의 문화를 형성하는 것처럼 일상의 반복적인 소비 행동에 의미 있는 가치를 부여함으로써 소비의 사회적 가치를 형성한다.

보상과 소유의 개념에서 벗어나 가치와 윤리적 소비를 지향하는 프랑스인들의 소비문화의 변화는 이미 프랑스 명품 시장의 전략을 새롭게 하고 있다. 소비행위에 스스로의 행동 가치를 부여하고 있는 프랑스인들은 자신의 행동에 대한 의미를 갖고 새로운 가치를 창출함으로써 괴물 같아 보이는 자본을 지혜롭게 사용하는 의식을 보여주고 있다.

변화가 없는 사회라는 자성의 목소리를 높이면서도 새로운 생활방식을 받아들이는 것에 매우 느리고 관심이 없는 프랑스 인들의 소비문화는 가치를 추구하는 그들의 의식구조 덕분에 가치소비를 추구하는 행동은 매우 빠른 것 같다. 오늘날 프랑스의 소비문화는 예전의 소비문화와는 다르게 생산적이고 생태적이며 철학적으로 변화되고 있다.

18, 19세기 전 세계의 사치 소비를 부추겼던 프랑스의 소비문화가 오늘날에는 가치와 윤리의식을 가진 새로운 소비문화로 전 세계의 소비문화를 선도하길 기대해 본다.

# 노동보다 중요한
# 프랑스인들의 바캉스

**파리의** 여름은 매우 느린 라르고(Largo)와 안단테(Andante)의 속도로 움직인다. 7~8월 도시의 시멘트 열기를 피해 모두 어디론가 떠나 파리 도심은 텅텅 비워지고 영화 '바그다드 카페'에 나오는 장면처럼 시간의 속도가 느릿느릿 게걸음을 걷는 듯하다. 이러한 여름의 텅 빈 파리를 보고 있으면 프랑스 사람들은 바캉스를 위해 일을 한다고 한 표현이 절대 과장이 아님을 알 수 있다.

프랑스 사람들의 바캉스는 여유 있는 사람들의 호사가 아니라 모두가 함께 누리는 탈 노동의 시간이다. 오죽하면 떠날 여유가 없는 사람들을 위해 파리시는 센강변에 긴 인공모래사장을 만들고 비치파라솔을 설치하여 도심 바캉스라도 즐기게 해 놓았을까!

이렇게 바캉스에 열광하는 프랑스인들이 생각하는 노동과 여가의 의미가 다른 나라 사람들과 다른 무슨 요인이 있을까 혼자 궁금해하다 문득 바캉스도 학습에 의해 체화되는 것이 아닌가 하는 생각이 들었다. 국가의 경제 발전을 위해 모든 국민이 노동에 올인하여 압축경제 발전을 이룬 우리는 노는 것에 익숙치 않아 명석을 깔아 주어도 놀 줄 몰랐다. 즉, 학습이 되지 않았던 것이다. 그러나 프랑스인들은 이미 오래전부터 근로자에게 제공된 유급휴가 덕분에 여가가 학습되었고 바캉스가 생활화되었다.

이러한 바캉스와 여가를 논하기에 앞서 노동을 먼저 이야기해야 할 것 같다.

호모 라보란스(Homo Laborance), 호모 파버 (Homo Faber)는 노동하는 인간을 의미한다. 노동은 인간의 생명을 유지해 주는 생산적 활동인 동시에 생활에 필요한 것을 마련하는 기본적인 생활수단이다. 더불어 인간은 이런 노동을 통해 자아실현과 자기완성을 하는 비물질적 생산인 정신적 성장을 하게 되어 일이란 단순히 육체적인 행위에서 그치는 것이 아니라 삶의 철학적인 성장을 유도한다.

혼자서 하는 일, 여럿이 함께하는 일, 자신을 위한 일, 타인을 위한 일, 단순히 돈을 벌기 위해 하는 일, 좋아서 하는 일 등 노동은 다양한 형태와 다양한 목적으로 행해지고 인간은 일을 통해 자신의 재질과 능력을 발전시키고 존재성을 확인한다. 단순히 경제적 이익을 위해 시작하는 일도 일을 하다 보면 자신의 능력을 알게 되고 이 능력을 발전시키고자 하는 발전의 욕구가 뒤따라온다. 또한 일하는 과정에서 인간관계, 정서적 유대 등이 형성되기 때문에 노동은 개인의 사회화를 위한 주요한 도구가 되기도 한다.

볼테르(Voltaire)는 노동이 권태, 방탕, 결핍 이 세 가지 악을 없앤다고 주장한 노동 예찬론자였다.

칼 마르크스(Karl Marx)는 노동을 모든 가치의 본질로 보고 노동의 절대가치를 강조하였으며, 베블런(Veblen) 역시 노동하지 않는 유한계급의 속물성을 강조하면서 노동의 가치를 주장하였다. 노동의 가치도 중요하지만 인간이 노동을 인식하는 태도도 중요하다. 19세기 영국인 윌리엄 모리스(William Morris)는 노동을 하나의 창조적 생산 활동인 동시에 미적 활동이라고 표현하여 노동에서 철학적 인식을 찾아내었다.

18세기 영국의 산업혁명으로 대규모 공장 노동이 등장하고 대량의 산업근로자가 나타나면서 노동자와 자본가 간은 물론 노동자 간의 새로운 인간관계와 새로운 이해관계가 형성되었다. 수많은 임금 근로자들의 노동은 규율적, 강압적, 비자발적으로 변화되면서 노동은 즐거움보다는 일종의 굴레가 되어 노동은 피할 수 있으면 피하고 싶은 활동으로 변화되었다.

노동의 가치를 폄하한 것은 이러한 산업 사회에서부터가 아니라 이미 오래전인 그리스, 로마 시대로부터 시작되었다. 당시 노동은 계층별로 분화되어 몸을 움직이는 육체노동은 주로 노예들이 담당하고 귀족층은 예술, 철학, 문학 등 주로 지적 노동을 하였기 때문에 노동 자체의 평가보다는 낮은 계층이 주로 담당한 육체노동에 대한 저평가와 편견이 강하게 존재했다. 이후 중세 시대에 들어서면서 육체노동의 가치가 새롭게 평가되고 18세기 애덤 스미스(Adam Smith)는 노동은 사회의 부를 창조하고 경제를 움직이는 주요한 요인이라는 노동의 경제성으로 육체노동의 가치를 강조하였다. 칼 마르크스 역시 육체노동의 가치로 다양한 사회 구조를 설명하면서 인간은 노동을 통해 자신의 존재성을 증명해야 한다는 강력한 육체노동 우호주의자였다. 반면, 과도하고 가중된 노동에 대해 러셀(Russell)은 노동보다는 휴식, 여가가 인간에게 주는 유용성, 필요성을 강조하여 노동과 휴식은 릴레이와 줄다리기처럼 꼬리를 물고 연결된 관계로 다양한 해석들이 존재해 왔다.

노동을 인식하는 수준은 노동의 형태, 노동의 종류에 따라 매우 개별적이다. 반복되는 기계와 같은 지루한 노동, 육체적 정신적으로 체력이 고갈되는 노동, 창조적이고 생산적인 노동 등, 목적과 방법에 따라 노동의 형태는 매우 다양하다. 생산성을 위해 체력이 고갈되는 노동자들은 노동의 강도를 조절하고 여가와 노동의 리듬을 만들면서 피로감을 덜어내고 있지만 노동하면 바로 머리로 들어오는 압박감은 노동 자체의 무게보다 더 묵직하게 인간을 누른다. 인간은 노동 자체가 주는 눌림과 더불어 노동 시간이 주는 눌림, 즉 정해진 시간에 매이는 것에서 자유롭고 싶은 생체 반응을 달고 산다.

노동이 지닌 구속력, 자유시간의 제한, 생산에 대한 압박, 조직과 인간관계 등에서 휴식을 바라는 것은 단조로운 생활패턴의 질서에서 벗어나고자 하는 심리적인 현상이다. 여기에 인간의 본성에는 유희적인 쾌락과 평화, 안정 등을 요구하는 정서적 욕구가 있기 때문에 휴식은 노동과 같은 선상에서 서로 대립적으로 팽팽하게 공존한다.

노동이 기본적이며 보편적인 인간의 활동인 것처럼 휴식 역시 인간에게 필요한 보편적인 활동 중 하나이다. 일을 했기 때문에 쉬어야 하는 신체 매커니즘의 평형 조절이다.

그러나 노동에 반대되는 휴가는 활동을 전혀 하지 않는 것이 아니라 물질적 생산과는 다른 정서적이고 정신적인 생산을 하는 자율적인 활동으로, 노동에 대한 보상일 뿐 아니라 다시 힘찬 노동을 재기할 수 있는 동력을 생산하기 때문에 노동과 휴가는 대립적이면서도 밀착된 상호적 관계를 갖고 있다.

인간은 이러한 노동과 휴식의 반복 매커니즘을 통해 행복을 발견해 간다.

휴식과 여가를 즐기는 "유희적 인간"인 "호모 루덴스(Homo Ludens)"와 노동하는 인간인 호모 라보란스(Homo Laborance)는 따로 존재하는 것이 아니라 여가와 노동의 밸런스를 통해 인생의 맛을 알아가고 행복을 추구한다. 그러므로 노동과 여가는 들숨과 날숨과 같이 지속적이고 규칙적인 반복 행동으로 존재성을 확인하고 삶의 보람을 느끼게 해주는 삶 그 자체이다.

노동과 여가를 구분하는 요인은 다양하지만 가장 주요한 요인 중 하나는 활동의 자율성 여부이다. 노동은 타인이 정해놓은 노동조건과 시간의 제한 등 의무성이 강한 반면, 여가는 자율적인 시간과 탈 의무성으로 압박감보다는 즐거움의 강도가 크다. 물론 노동을 통해 자아실현을 도모하는 부류들은 노동의 규율성이나 강제성이 굴레가 아닌 발전이 도구가 될 수 있지만 대부분 노동자들은 시간적 해방과 공간적 자유, 시스템에서의 탈피가 있는 여가를 통해 삶의 속도를 자율적으로 조절한다. 그래서 여가는 생의 쉼표로서 조용한 빈 공간에서, 다양한 문화 콘텐츠 속에서, 때론 군중 속에서 자기만의 호흡으로 내면을 채워 넣는 행복한 자유시간이다.

노동과 마찬가지로 여가의 형태와 방법도 개별적이며 또한 복합적이다. 탈 노동으로 얻어지는 여가는 일상적으로 반복되는 직업 활동이 아닌 자신에게 집중할 수 있는 자발적으로 평화로운 생산적 활동이며 정신적이고 정서적인 마음의 여유를 갖고 할 수 있는 자유로운 활동이다.

현대 사회의 문화 콘텐츠는 너무나 다양하게 발전하였고 문화를 접할 수 있는 장소도 도시, 지방 할 것 없이 매우 넓게 포진되어 있다. 그래서 노동에서 벗어나 여가를 즐기고자 하는 사람들은 아주 짧은 시간이라도 다양한 여가 활동에 참여하여 자기만의 쉼 문화를 만들어낸다.

프랑스는 노동에서 벗어나 여가와 휴가의 개념으로 즐기는 바캉스 문화가 일찍 발달했다.

근로자의 법적 유급 휴가제도가 1906년도에 제정되었으니 이들은 이미 100년 전부터 바캉스를 문화로 만들기 시작한 것이다. 당시 이 정책은 노동자들의 노동에 대한 격려와 보상 차원에서 제정되었고 정책수립자들은 노동자에게 일하는 기쁨을 주기 위해서는 휴가가 절대적으로 필요하다는 주장으로 노동과 여가의 밸런스의 필요성을 잘 인지하였다. 노동자들은 긴 유급휴가로 산과 들로 여행을 떠나면서 재충전의 의미를 알았고 이를 여가문화로 발전시켰으며 이 문화는 사회환경 안에서 생활화되면서 문화자본과 교육자본으로 확장되었다. 프랑스 사람들은 1달의 휴가를 즐기기 위해 11개월을 일한다는 표현은 우스갯소리이기도 하지만 이들이 즐기는 바캉스 문화를 어느 정도 대변하는 말이기도 하다.

질 들뢰즈(Gilles Deleuze)는 세계를 떠도는 인간의 방랑적 기질을 장소에 묶이지 않는 물리적 해방과 더불어 자기의 사고에 갇혀 있지 않고 끊임없이 새로운 자아를 찾아가는 인간의 철학적 인식인 『노마드(Nomade)』 개념으로 설명하였다. 노동자의 새로운 자아 찾기 노마드는 조직적이고 강제성을 띠고 있는 노동의 시간과 공간의 구속에서 벗어나 새로운 자아를 발견하려는 내적 욕구이기도 하다.

존재에 대한 사고를 즐기는 프랑스인들의 철학적 사고는 휴가와 여가에도 어김없이 녹아 있어 이들은 바캉스를 필요한 단절이라고 표현한다.

고통과 기쁨의 양면성을 띠고 있는 노동과의 단절, 쳇바퀴 같은 반복적 일상과의 단절, 격무 스트레스의 단절, 의무적이고 비자발적인 관계의 단절 등등… 그러나 이 단절은 아주 끝맺는 단절이 아니라 노동 시간 속에서 서로 다투어 들어앉은 **빽빽한** 짐덩이들을 비워내는 정리를 위한 단절이며 새로운 채움을 마련하기 위한 생성의 단절을 의미한다.

유난히도 일상의 단조로운 음의 지속성을 참지 못하고 늘 다양한 음역을 찾아 삶의 활력을 찾는 프랑스인들에게 이러한 바캉스 문화는 정부의 정책이 가세하면서 모두의 노마드 DNA를 활성화하였다. 바캉스 열기는 여행상품의 개발, 숨어있는 휴가지 발굴, 다른 문화를 엿볼 수 있는 호기심 등 문화의 영역을 확장하면서 프랑스인들 만의 여가 문화를 만들었다.

노동의 대가로 얻는 프랑스인들의 바캉스는 화려하고 과시적인 것보다는 매우 실리적, 실질적이다. 특별히 신심이 좋은 사람들이 아니더라도 혼자 시간을 갖고자 하는 사람들이 찾는 한적한 수도원에서의 명상 휴가, 먼 나라의 문화와 역사에 대한 호기심으로 떠나는 지구 반대편 문명지의 역사 여행, 신과 인간의 관계를 생각하면서 무작정 걷고 또 걷는 스페인 콤포스텔라 길 여행, 남프랑스의 햇볕과 낭만을 찾으려는 젊은이들은 낭만 여행, 북아프리카의 뜨거운 사막에서 이열치열을 즐기는 사막여행, 여름철 시원한 북극 탐험 그리고 읽고 싶은 책을 벽돌 쌓아놓듯 쌓아놓고 하루 종일 문자가 이끄는 낯선 세계로 빠져드는 집 안에서의 독서 휴가도 있다. 그리고 정말 여유가 없다면 파리 센강변의 인공모래사장에서 즐기는 도심 해변의 휴가까지. 여름에 파리 기차역은 매일 많은 짐을 등에 짊어지고 어린 자녀들과 함께 기차를 기다리는 가족으로 늘 인산인해이다. 바캉스 출발에서 벌써 얼굴이 피곤해 보이지만 일단 떠나야 한다는 의지가 휴양지의 넉넉함을 한껏 즐기겠다는 각오로 읽힌다.

가족이나 친구들과 함께 바캉스를 떠나는 사람들도 많지만 혼자만의 여가를 즐기는 사람들도 많다. 이들은 관계의 스트레스에서 벗어나 자신의 내적 감정의 흐름을 찾는 시간을 즐긴다. 휴가철 박물관이나 미술관에는 혼자 그림을 감상하는 사람들을 쉽게 만나 볼 수 있다. 삼삼오오 함께 한가로운 시간을 보내는 것과는 다른 감흥으로 자신에게 충실한 이 시간은 쉼을 통해 철학적 사고의 근육을 강화하는 기간이기도 하다.

파란색의 성공을 향한 무한경쟁, 무한질주는 목표를 향한 인간의 도전이지만 적당한 속도 조절, 비움과 채움의 순조로운 순환이 없으면 어느 순간 치열한 속도감의 목적을 상실하게 된다. 프랑스인들이 많은 관심을 갖고 있는 느림의 철학은 바캉스 문화에 흡수되어 압축 경쟁과 무서운 자본의 경쟁 시기에 질주의 속도를 줄이고 왜 뛰고 있는지, 나는 누구인지를 생각하는 훌륭한 제어장치의 역할을 하고 있다.

유급휴가가 만들어진 취지와 같이 노동의 즐거움을 재충전을 하기 위해 열심히 휴가를 즐기는 이들을 보면 노는 것도 배워 한다는 것을 알 수 있다. 더위가 시작되면 벌써 바캉스 계획을 짜고 여름 한 가운데인 7월 말이 되면 동네 빵집, 정육점, 식품점 등 지역주민들의 생필품을 판매하는 가게 주인들도 모두 바캉스를 떠난다. 바캉스 기간도 1주일이 아니라 대개 3주에서 1달이 기본이다. 그래서 8월이 되면 파리가 텅텅 비고 일상이 정지된다. 혼자 사는 노인들은 동네 생필품 가게들이 모두 문을 닫기 때문에 일상품을 구입하기 어렵고 가사 도우미도 모두 바캉스를 떠나 어쩔 수 없이 지방의 친척 집이나 휴양시설로 떠날 수밖에 없어 바캉스는 자연스럽게 연대적으로 이루어진다.

연대적 휴가를 만든 일등 공신은 바로 정부의 바캉스 정책이다. 경제적 여유가 없어 일상의 탈출을 시도하지 못하는 취약 계층에게 휴가비를 제공하고 도심에 해변 분위기를 만들어 너무 소외되지 말고 함께 즐기자고 부추긴다. 그래서 프랑스는 경제적 빈곤층은 있어도 바캉스 빈곤층은 없다. 프랑스인의 바캉스는 여유 있는 사람들만이 즐기고 자랑하는 것이 아니라 11달의 노동을 위해 1달의 쉼을 함께 하는 모두의 연례행사이다. 이러한 연대적 사회환경으로 프랑스인들이 휴가를 생활화하면서 여가를 체화한 것은 이들이 다른 나라 민족보다 더 노는 것을 좋아한다기보다는 함께 놀고 쉬는 여가 활동을 오랜 시간 학습해 온 결과이다.

사회가 변화되어도 경제가 어두운 그림자를 드리워도 프랑스인들의 바캉스는 너무나 여전하다.

처음에는 이들의 바캉스 열정이 조금은 호들갑스럽고 조금은 유난스럽게 보이지만 오랜 시간이 지난 후에 이들의 바캉스 문화를 이해하게 되면 휴가는 경제활동인 노동만큼이나 중요한 것을 알게 된다. 이런 시각으로 프랑스인들을 보니 이들의 추구하는 삶의 방식에는 인생의 다양성을 적절하게 조절하고 조화를 추구하면서 생활의 리듬을 찾는 영리함과 명석함이 있다. 인생이 힘들다고 징징거리거나 억울하다고 떼쓰는 어리석음보다는 스스로 일과 휴식을 조절하고 자신의 시간을 무슨 생각으로 무슨 활동으로 채워 넣을지 고민하고 방법을 찾아가는 지혜로움을 갖고 있다. 이들의 여가는 노동을 떠나는 의미도 있지만 속도를 조절하면서 리듬을 만들고 인생의 맛을 찾아가는 하나의 생활방식이다. 이들에게 노동과 여가는 이분법으로 분리되는 것이 아니라 서로 상호적으로 강, 약을 조절하고 삶의 체험방식을 다양화하는 뗄 수 없는 관계이다.

　이색적인 것에 대한 홍미와 수용, 새로운 체험, 취향의 몰입, 머리와 몸의 비움, 다른 길 찾아보기 등, 바캉스는 여유가 있는 편안한 내면의 축제이기도 하지만 프랑스인들이 바캉스에 열광하는 것은 삶에 대한 열광이라고 해석해도 과한 표현이 아니다. 그래서 프랑스인들의 바캉스는 시간이 지날수록 풍성하고 풍요로워지면서 결코 사라지지 않는 문화로 자리 잡고 있다.

# 자유의 딜레마

외젠 들라크루와, 민중을 이끄는 자유(Eugène Delacroix - La liberté guidant le peuple)

**파리** 중심가에는 아주 오랜 역사를 지닌 생 쉴피스(Saint Sulpice) 성당이 있는데 이곳은 성당의 역사만큼 다양한 문화재를 보유하고 있다. 거대한 파이프 오르간은 특별한 미사 때만 연주되는 것이 아니라 매주 일요일 저녁 미사 후에 멋진 연주로 미사의 경건함과 신자들의 신심을 한껏 끌어올린다. 2006년 상영된 영화 『다빈치 코드』의 첫 장면에 등장하여 한동안 유명세를 타기도 한 이곳에는 화가 외젠 들라크루아(Eugène Delacroix) 대작이 몇 점 걸려있어 성당의 품위를 더해주고 있다. 성당 출입구 바로 옆에 있는 이 작가의 그림을 볼 때마다 바로 이 작가의 다른 작품이 머리로 들어온다. 예전에 프랑스 프랑 화폐의 그림으로 사용되었던 프랑스 7월 혁명을 그린 『민중을 이끄는 자유』라는 제목의 이 그림은 자유의 대표적인 이미지가 되었고 영화 레미제라블에서도 이 그림을 재연한 장면이 등장하여 많은 이들의 눈에 익숙하다. 1789년 프랑스 대혁명에 이은 두 번째 혁명인 7월 혁명을 그린 이 그림 중앙에 프랑스 국가를 상징하는 여성이 억압과 속박으로부터의 해방을 의미하는 노출된 가슴으로 프랑스 국기를 들고 민중을 선도하는 장면은 상당히 상징적이다. 자유를 강조한 외젠 들라크루아의 이 그림은 오늘날에도 프랑스 국민들에게 '우리의 자유는 이렇게 얻어진 것이니 절대 잊어서는 안 돼'를 외치고 있는 듯하다. 자유를 위해 몇 차례의 대규모 시민 혁명을 치른 프랑스인들의 자유에 대한 의지는 프랑스 대혁명 이후 오늘날까지 같은 강도로 이어지고 있다.

프랑스 혁명의 의의는 이전까지 인간들이 인지하지 못했던 인간의 평등성에 대한 인식을 갖게 해 준 혁명으로 이언 모티머(Ian Mortimer)의 표현을 빌리자면 고대 이후 존재하지 않았던 유일무이의 혁명이다. 이런 엄청난 사건인 프랑스 혁명은 평등과 더불어 인간의 자유권에 대한 인식을 동반하였다. 혁명의 혹독한 대가를 치르고 얻은 자유라 더 소중한 것이 아닌가 하는 생각을 해 보지만 프랑스인만이 아니라 인간은 본성적으로 누군가에 의해 또는 무엇인가에 의해 억압되고 자신의 자율권이 통제되는 것에 강하게 저항한다. 자유의 사전적 의미는 외부의 속박이나 통제가 없는 소극적인 자유와 자신의 의지를 솔직하게 표현하고 행동할 수 있는 적극적인 자유로 정의된다. 그러나 자유에 대한 정의는 정치적 환경, 종교적 배경에 따라 시대와 국가마다 다르게 해석되어 왜곡되기도 했고 과장되기도 했다. 근대사회 이후 자유는 봉건제도의 신분 억압에 반하는 개념으로 개인의 자율적 의지가 강조되면서 18, 19세기 시민 혁명의 단초가 되었으며 이는 공화주의와 민주주의의 자유로 확장되었다. 절대왕정에 대항하고 국민들의 기본권리를 요구한 프랑스 혁명의 평등과 자유의 개념은 오늘날에도 프랑스 정치 철학의 기본개념이 되고 있다.

자유의 개념은 철학적, 정치적, 사회학적으로 매우 다양한 분야에서 사용하고 있어 다각적인 해석이 가능하지만 자유의 범위와 한계는 선을 긋는 것처럼 명확하지가 않아 종종 해석의 딜레마에 봉착하게 된다. 일반적인 상식 수준의 자유 개념은 외부의 통제, 간섭에서 벗어나 자신의 의지에 순응하는 것이다. 예를 들자면 표현의 자유는 개인의 종교적, 정치적, 철학적 사고에 기반한 개인의 의견을 어떠한 통제나 간섭없이 자유롭게 표현할 수 있는 민주주의 사회의 대표적인 자유이다.

그러나 이렇게 자유롭게 표현한 개인의 의견이 다른 사람이나 집단을 불편하게 하거나 자존감을 손상해 분노를 일으킨다면 자유는 갈등을 야기하는 독성으로 진정한 자유가 아닌 구속이 된다. 자유는 나의 자유만큼 타인의 자유에 대한 배려가 있을 때 진정성을 갖는다. 우리는 개인의 자유가 타인과의 관계 속에서 행사될 때 의도하지 않게 타인에게 해가 되는 경우를 드물지 않게 경험한다.

존 로크(John Locke)나 토머스 홉스(Thomas Hobbes)가 주장한 자연권 행사에서 중요하게 설명된 인간 간의 상호관계는 자유권에서도 동일하게 적용이 된다.

2015년 1월 7일 오전 파리시는 충격에 빠졌었다. 주간지인 샤를리 에브도(Charlie Hebdo) 회사에 두 테러리스트가 총기를 난사하여 12명이 사망하고 다수가 부상을 입었다. 이 신문사는 대표적인 좌익언론사로 반종교적 성향을 갖고 있어 모든 종교에 대해 노골적인 강한 풍자와 서슴없는 패러디를 게재하는 것으로 유명하다. 모든 종교에 대해 직설적인 비판의 만평과 글을 성역 없이 게재하고 있어 간혹 도를 지나치지 않았나 하는 생각이 들 정도이지만 대부분의 종교인, 정치인 독자층들은 원색적인 비판에 예민하지 않아 이 신문은 50년이 넘는 긴 시간 동안 이러한 정체성을 고수하면서 많은 프랑스인들이 애독하고 있다.

총격 사건은 이 주간지에 실린 이슬람 종교의 비판에 대해 이슬람 원리주의자가 벌인 사건으로 이슬람 교인들의 자존심을 건드린 것에 대한 보복이었다. 자신의 종교에 대한 자긍심이 한치의 비판을 허용하지 않는 엄중한 종교 보호의 행동으로 나타나 다른 사람들에게는 두려움의 대상이 된 것이다. 한 줄의 글에 대한 보복치고는 대가가 너무 컸고 이 사건 이후 프랑스는 표현의 자유에 대한 토론이 매체를 통해 연일 이어졌었다. 2020년 이 사건을 언론의 자유에 대한 교육자료로 사용한 중학교 교사도 이들에 의해 참수되어 프랑스인들의 표현의 자유가 공포의 원인이 되었다.

자유는 상대방의 자유와 자존감을 훼손시키지 않는 범위 내에서 이루어져야 한다고 주장한 존 스튜어트 밀(John Stuart Mill)의 '자유론'이 21세기에 다시 증명된 셈이지만 자신의 종교에 대한 비판은 용납할 수 없다는 메시지가 도를 넘은 수준이었다.

이와는 반대로, 사회의 정의를 해치고 불평등을 초래하는 정치적 계략, 사회에 만연해 있는 명백한 사회적 차별을 정당하게 비판하기보다는 타인의 의견을 존중한다는 명분으로 묵인되어 사회정의가 부패해져 가는 경우도 많다. 이러한 상반된 상황에 대해 우리는 자유의 한계에 대해 많은 생각을 해 왔고 또한 많은 논의를 경험했다. 사회정의에 기반하는 자유는 늘 보장이 되는가? 이 사회의 정의는 누가 결정하는가? 내가 행위 할 수 있는 자유의 범위는 어디까지이며 그 범위를 내가 정할 수 있는가? 타인의 자유를 구속할 자유가 있는가? 인간에게 완전한 자유가 허용되는가? 등등 철학적 질문에 대한 논리적 근거의 중심에는 인간이 사회적 동물이라는 점, 즉 상호관계 속에서 자유의 허용 범위를 규정짓는 합리적 논의가 필요하다.

그래서 자유의 딜레마는 간혹 혼란스럽기까지 하다. 비교적 자유로운 프랑스 사회도 자유의 딜레마로 많은 사람들이 혼란을 경험하곤 한다.

몇 년 전 프랑스의 한 부모가 자녀가 의무적으로 맞아야 하는 예방

접종을 거부한 사건이 있었다. 사건 부모의 자녀는 천식을 앓고 있었는데 예방접종이 천식을 더 악화시킨다는 항간에 떠도는 검증되지 않은 정보를 신뢰하고 접종을 거부한 것이다. 예방 백신 신뢰의 문제이기는 하지만 이 부모의 의학지식이 프랑스 의료진들의 백신 지식보다 더 정확한 증거는 없었다. 자녀의 건강을 염려하는 부모의 마음은 충분히 이해하지만 정확한 의료 지식 없이 행사한 자유권이 다소 무모해 보인다. 정부는 이 부모에게 지속적으로 아동의 예방 미접종을 통보하고 접종 의무를 고지했음에도 부모가 계속 선택의 자유권을 행사하여 결국 이 사건은 재판으로까지 가서 부모가 법적 조치를 받게 되었다. 판결의 요지는 아동의 예방접종은 아동건강보호를 목적으로 하고 있기 때문에 예방접종 거부를 일종의 아동학대로 해석하여 아동보호가 그 무엇보다 우선한다는 정부의 방침이 개인의 자유를 통제한 것이다.

이보다 좀 더 심각한 사건은 자녀 종교의 자유권을 무시한 사례이다. 현재 프랑스에는 약 5만 명의 아동들이 종교 광신자인 부모들에 의해 학교에 가지 못하고 의무 교육을 못 받고 있다. 한 종교는 신자들이 공동체 생활을 하면서 자녀들의 교육도 홈 스쿨링 시스템으로 하고 있다. 집에서 부모들이 자녀교육을 담당하지만 이들은 일반 학교의 또래들과 어울리면서 형성되는 사회성, 또래 관계, 그리고 지역사회를 통해 학습되는 다양한 교육이 차단된 환경에 처해 있다. 보편적 가치와 다양성을 포용하지 못하는 종교적 환경에서 교육되는 어린이들의 자유에 대한 인식이 과연 얼마나 건강할 수 있을까? 외부의 공기를 철저하게 차단한 종교의 울타리가 보호의 울타리보다는 굴레가 되지 않을까? 종교의 높은 벽 안에 있는 청소년들은 보편적 자유에 대한 인식을 어떤 경로로 학습하고 자율적 의지를 어떻게 습득하며 외부 공기를 호흡하는 방법을 어떻게 익혀 갈 수 있을까? 강요된 교육에서 자율성과 자유 인식은 어떠한 방식으로 학습될까? …등등 많은 생각들이 꼬리를 물면서 머릿속을 맴돈다. 이 모든 것들은 부모의 종교 자유권의 오·남용으로 행사되는 자녀들의 잠재적인 자유에 대한 일종의 탄압이다. 이들이 형성하는 자유의 인식은 종교적 틀 안에 갇혀 날개 없는 새가 되어 새장 속에서 문자로만 배운 자유로 이들은 자유를 문자로만 읽어 갈 것이다. 과연 부모가 교육이라는 명분으로 자녀들의 종교를 통제할 수 있는가? 특히 종교가 사이비 종교일 경우 이 문제는 사회문제로 확산될 수 있기 때문에 매우 조심스럽다. 특정 종교의 종교적 의무감으로 무장한 이러한 교육으로 인해 사회성과 보편성이 결여된 자녀교육을 제공하는 부모들을 국가가 부모의 종교 자유권으로 방임해도 되는가? 종교의 자유라는 권리 측면에서 이러한 상황을 인정해야 하는가? 아동기 의무 교육의 목적을 위해 부모들의 종교적 자유를 통제해야 하는가? 등등이 자유가 지닌 딜레마이다.

종교의 자유, 표현의 자유와 같은 거대 담론의 자유뿐 아니라 우리는 일상의 삶 속에서 행해지는 규율, 통제를 통해 자유와 자율의 가치를 체화한다. 자유롭게 내 취향에 맞추어 선택하는 소비재 선택의 자유에서부터 금연 시대에 반하는 흡연의 자유 그리고 내 감정에 충실한 사랑의 자유까지… 프랑스에서는 또 한 번 자유 논쟁을 불러온 사건이 있었다.

프랑스 정부는 2007년 2월부터 모든 음식점, 카페, 공공기관 등 대중이 모이는 장소를 금연 구역으로 지정했다. 흡연자들의 건강은 물론 간접흡연으로부터 비흡연자의 건강을 보호하는 차원에서 이루어진 조치였다. 흡연인구를 줄이기 위한 담뱃값 인상의 효과와는 비교가 안 될 만큼 큰 효과를 보았다. 그러나 흡연애호가들이 가만히 있으면 프랑스가 아닌 것처럼 발표가 난 직후 흡연자들의 흡연 자유권에 대한 반론이 제기되어 벌금을 내더라도 흡연을 허용하겠다는 카페가 티브이를 통해 방송되고 흡연자들의 권리도 무시할 수 없다는 메시지를 던졌다. 그러나 흡연 자유의 통제가 국민건강과 밀접하게 연결되어 있다는 의견을 가진 다수의 호응이 압도적이었기 때문에 흡연자들의 반대는 그냥 투덜거리는 수준에서 끝났다. 사회구성원으로서 공공을 위한 공중보건의 의무를 개인의 자유 권리보다 우선하는 것에 동의를 한, 한발 양보였다.

건강 보호를 위해 개인의 자유권이 제한된 또 다른 사건도 있었다.

프랑스 중, 고등학교에는 그 흔한 음료 자판기가 없다. 2005년도 초에 파리 중고등학교에 학생들을 위해 간편한 음료 자판기가 설치되었다. 그러나 칼로리만 높은 음료수가 자녀들의 건강을 해치고 비만을 만든다는 부모들의 반대로 프랑스 중고등학교에 음료 자동판매기 설치가 법적으로 금지되었고 갑자기 등장했던 자판기는 한 학기만 겨우 채우고 학교에서 사라졌다. 미성년들의 자유는 아직 자기 결정의 판단기준이 미숙하기 때문에 성인이나 부모들이 이들의 자유권을 제재할 의무가 있다는 판단이었다. 식습관은 철저하게 부모로부터 물려받기도 하지만 자녀의 건강을 고려한 부모들의 식품 선택은 입안의 맛만 생각하는 청소년들의 음식 선택의 자유를 통제할 수 있는 부모의 선택권 이전에 부모의 책임이다,

프랑스인들이 생활 속에서 행사하는 미시적 담론의 자유는 자유로운 자기표현으로 이 자유는 다른 자유에 비해 체감도가 높다.

미시적인 개인의 자유권을 쉽게 볼 수 있는 것은 뭐니 뭐니 해도 패션 스타일이다. 개인의 복장은 남성의 취향, 가부장적 배경, 종교적 요인들이 포함된 사회의 규범에 의해 철저하게 규제되어 왔다. 디자인에서부터 색감까지 남녀를 구분하고 바지와 치마의 길이는 물론 노출의 범위를 규제하는 사회를 알고 있는 사람이라면 파리의 패션 스타일은 멋스러움보다는 자유로운 표현으로 관광객을 놀라게 한다. 파리는 거리 자체가 패션쇼의 런웨이 같아 카페나 노상에 있는 의자에 앉아 거리를 지나가는 사람들의 패션을 구경하는 재미가 아주 쏠쏠하다. 화장한 남성, 미니스커트를 입은 남성, 머리를 삭발한 여성, 강한 색으로 염색한 머리 스타일, 치렁치렁 길거리 청소를 할 만큼의 불편할 것 같은 옷차림, 남성복을 걸친 여성들, 마치 크레파스 통과 같이 모든 색을 총동원한 색감의 옷, 과거의 디자인과 현대의 유행 디자인의 실험적인 의상 등등 정말 다양한 옷차림이 거리에서 펼쳐진다.

일반적인 복식 규범에서 벗어난 옷차림에 대한 편견이 없어 타인을 의식하지 않고 입고 싶은 자기만의 패션을 즐기는 분위기가 너무 자유스럽다. 자기만의 개성이 있는 복식의 자유로움은 우선 유행에 민감하지 않다. 복식문화에는 사회 구성원들의 이미지와 정서 체계가 내재되어 있다. 유행하는 패션에 민감한 국민은 공동체 의식이 강하다고들 하지만 다른 한편으로는 자기만의 미적 감각과 개성이 없다는 의미이기도 하다. 생활문화의 하나인 의복 문화는 대부분 사회규범 안에서 형성이 되기 때문에 일상의 옷차림은 이 규범이 제시한 틀 안에서 만들어진다. 예전 의복의 전형적인 사회적 규범은 여성은 치마, 남성은 바지라는 성별 이분법의 규제였다. 여성들에게 바지를 입혀준 코코 샤넬(Coco Chanel)의 명성은 작은 핸드백이 아니라 여성이 남성의 성역을 자유롭게 드나들면서 유니섹스 복식의 문을 열어놓은 점이다. 그러나 사회의 의복 규범은 여전히 강한 암묵적 지시로 개인의 자기표현 자유를 속박하고 있다. 의복에 대한 규제와 통제가 많은 사회일수록 의복을 통한 편견과 사회 계층의 표시가 뚜렷하다. 이러한 환경에서 패션은 자유로운 자기 이미지 표현이 아닌 소속감과 사회적 요구에 더 충실하게 된다. 노출이 많고 몸매가 드러나는 옷차림을 한 여성에 대한 부정적 이미지와 편견은 여성의 자유로운 패션 감각을 통제하고, 부유층 패션 따라하기는 일종의 신분 가면의 도구로 사용된다. 우리나라에서 이러한 의복의 상징적 의미를 찾는 것은 어려운 일이 아니다. 예컨대, 우리는 차림새로 사회 신분을 읽을 수 있고 진품과 가품의 액세서리로 사회 계층이 노출된다. 그러나 파리의 패션은 그 다양성과 과감함으로 복식 안에 있는 사회성을 해석하는 데 조금 시간이 걸린다. 파리의 패션은 규범보다는 자유의 색이 더 진하여 파리지앙들의 의복에는 굵은 자유의 씨실이 옷감의 날실과 함께 짜여져 있다.

패션과는 다소 거리가 있지만 의복의 자유와 관련된 사례를 하나 더 들자면, 2004년 프랑스 정부는 특정 종교를 나타내는 복장을 금하는 법을 만들었다. 주 타깃은 히잡을 착용한 이슬람 여성 신자들이었다. 종교의 자유와 세속주의에 근거한 종교 정책으로 종교적 기호 표시를 금하게 한 것이다. 이러한 정부의 규제가 나오자마자 매체를 통해 다양한 의견들이 쏟아져 나왔다. 가톨릭 수녀들의 머릿수건, 유대인의 모자도 착용을 금해야 한다는 중론으로 유독 이슬람 여성의 히잡만을 규정지은 것에 대한 반론이 만만치 않았다. 종교를 표시하는 의복 착용이 타인에게 해를 주거나 사회에 악영향을 주지 않음에도 불구하고 이러한 규제는 오히려 개인의 종교자유를 억압하는 모양새가 되었다. 이 조치는 결국 정치적 전략과 종교적 배경이 자유를 통제하는 사례가 되었다.

또 다른 개인의 자유에 대한 논쟁에서 빼놓을 수 없는 것이 사랑의 대상을 선택하는 자유이다. 프랑스는 2013년 동성애 결혼을 합법적으로 인정하였다. 이 결정은 국민들이 어떠한 상황에서라도 차별받지 말아야 하는 차별금지법에 근거한 것이다. 법적 조치가 이루어지기 이전에도 파리 시청 근처 마레(Malais) 지구에 가면 동성애자들의 애정 표현을 심심치 않게 목격할 수 있다. 합법화 이후 그동안 정체성을 드러내지 않았던 이들의 커밍아웃이 증가한 탓인지 이제 파리 거리에서 동성애자들을 만나는 것은 이성애자만큼이나 낯설지 않다. 이성애가 일반적인 대부분의 사회에서 동성애는 일종의 아웃사이더이지만 사회적 규범은 단순한 아웃사이더 이상의 거부감을 부여하고 있다. 이들을 포용하는 첫 단계는 인구학적인 수의 개념으로 본 소수자의 인권 보호이다. 그러나 인권 못지않게 개인의 성적 취향 자유권도 생각해 볼 필요가 있다.

생물학적, 의학적으로 보면 인간의 에로스 사랑의 정설은 이성애이다. 그러나 정서적, 심리적, 사회학적 맥락에서 보면 인간의 사랑은 남녀의 생체, 신체적 구조 외에 다양한 요인들이 결합한 정서 체계이다. 남녀 간 사랑의 대상이 이성이어야 한다는 것은 신체 구조와 사회적 규범의 강한 토대에서 비롯된 것이다. 종교적인 측면에서 보면 기독교가 인간을 창조한 신의 섭리에 근거하여 이성애를 강조하고 있는 것에 비해 불교는 이성애를 하나의 규범으로 강조하지 않는다. 동성애의 역사는 인류 역사와 함께 존재해 왔고 시대마다 인정과 반대, 더 나아가 죄악시까지 하여 사형에 처하는 고난의 역사 속에서도 사라지지 않았다.

동성애를 단지 개인의 성적 취향으로 본다면 이들의 자유권은 보호되어야 한다. 그러나 성적 취향이 타인에게 해가 될 경우 이들이 자유권은 규제가 필요하다. 사실 동성애가 미치는 사회적 해악은 동성애로 비롯되는 에이즈 질병이다. 이 질병은 사회적 규범 이상의 강력한 사회적 거부의 대상이 되었다. 에이즈가 전염병이 아니라는 것은 이제는 모든 사람이 알고 있지만 이 질병에 대한 공포와 혐오는 여전히 동성애자들의 혐오로 연결되어 있다. 그러나 몇몇 나라에서 에이즈가 전염병이 아닌 이상 이들의 사랑 자유권을 박탈할 이유가 없다는 근거로 동성애자들의 결혼을 합법화하면서 이들의 자유에 대한 논의가 시작된 것이다.

동성애자를 가까이에서 밀착 관찰한 것은 아니지만 여러 가지 이들의 상황들, 예를 들면 이들의 생활 태도, 직업 종류 등을 근거하여 보면 이들은 그들만의 특징을 형성하고 있다. 여러 특징 중 하나로 이들은 사회로부터 인정받기 위해 자신의 직업 활동에 성실하고 매우 확고한 가치관을 갖고 있다. 이러한 노력은 동성애자들의 편견을 희석하고 자신들의 권리를 떳떳하게 주장할 수 있는 이미지 개선이라는 결과를 가져오고 있다.

이들의 이런 태도는 자신들의 자유를 찾기 위한 권리 요구와 인정받기 위한 노력으로 사회를 설득하는 하나의 방법이다. 자유는 그냥 주어지는 것이 아니라 스스로 지키기 위한 노력과 책임이 동반되어야 한다는 것을 이들의 작은 목소리로 알 수 있다. 다수의 규범이 지배적인 사회에서 소수의 취향과 자유를 보호하는 작은 울림과도 같다. 다수를 위해 소수의 자유가 희생되기보다는 소수의 자유권을 함께 생각하고 연대해 가는 것이 자유의 진정한 의미라는 것 또한 이들을 통해 다시 확인할 수 있다.

또 다른 자유를 실감하는 것은 프랑스인들의 표현의 자유를 볼 수 있는 토론의 장이다. 프랑스 방송은 토론 프로그램을 많이 편성하여 다양한 사회문제를 논하는 아고라의 역할을 하고 있다. 모니터 안에서 벌어지는 토론의 분위기는 다소 격하다. 한 치의 양보도 없이 각자의 의견이 마치 진리인 듯 쏟아내 반대의견과의 격돌은 마치 전투장과도 같다. 그러나 토론이 끝나면 바로 화기애애한 분위기를 만들어 방송을 처음 보는 사람들에게는 이 상황이 낯설기까지 하다. 관계의 친밀도는 토론이 시작되면 어김없이 사라지고 자신의 의견을 설득하는 것에 모든 신경세포가 집중되는 듯하다. 시청자들은 아고라에 등장한 패널들의 주장을 통해 하나의 주제에 대한 이들의 다각적인 의견을 각자가 지닌 생각에 얹어 문제를 보다 더 깊이 있게 들여다 볼 기회를 얻게 된다. 이런 프로그램은 공공매체를 통한 신 아고라로 시청자들의 지적 욕구를 충분히 채워주기 때문에 높은 시청률을 갖고 있다. 표현의 자유는 문제에 대한 이해, 자기만의 논거 틀과 더불어, 많은 정보와 지식이 축적된 개인의 지식창고를 기반으로 펼쳐진다. 이러한 지식 체계들은 표현의 자유가 보장된 조건에서 다른 다양한 의견들과 교환, 순환

된다. 자유로운 토론은 결론이 중요한 것이 아니라 문제의 다측적 접근 방법, 다양한 해석, 축적된 이론의 접목들이 만들어 내는 지식의 사회화가 이루어지는 장이기 때문에 프랑스인들은 이러한 표현이 자유로운 분위기에 다소 격하게 열광하기도 한다. 타인에 대한 뒷담화보다는 자신만의 논리적인 사고를 언어로 만들어 내는 것을 좋아하는 이들의 표현의 자유는 교육과 사회적 배경이 만들어 낸 일종의 사회적 산물이다. 프랑스는 위계보다는 평등적 수평관계에서 자유롭게 개인의 의견들이 오가는 편이다. 어릴 때부터 가족의 식탁 문화에서 시작된 대화의 기술에는 자율적이고 자발적인 규범들이 함께 내재 되어 있어 자유의 적인 방종을 통제한다. 일단 대화의 멍석이 깔리게 되면 그 누구도 주저하지 않고 각자 의견의 자유권을 자유롭게 행사한다. 그래서 프랑스 토론의 장은 다소 격함에도 숨이 편히 쉬어지고, 표현된 언어와 의견으로 존재성이 발휘되는 장이 되기도 한다. 가부장적인 권위주의가 지배적이었던 우리 사회는 윗사람의 말에 순종하는 위계질서가 자유로운 대화를 통제하여 개인의 의견을 논리적이고 설득력 있게 표현하는 기회를 차단하여 왔기 때문에 논쟁문화에 익숙지 않다. 윗사람의 의견에 동조하는 인사이더와 반대의견을 제시하는 아웃사이더와의 편 가르기가 심하여 대화에는 늘 빅브라더의 빙의가 존재했었고 예스맨이라는 신조어가 만들어지기도 했다.

정치적 혹은 종교적인 이데올로기가 강한 사회는 방종의 해악을 차단한다는 이유로 감시와 통제가 철저하게 자유를 제한한다. 이데올로기가 제시하는 방종의 의미는 보편적이라기보다는 상당히 국지적이며, 시대적이다. 이러한 자유는 순수한 인간의 자유권을 보호하기보다는 오히려 자유권을 훼손하는 경우가 많다. 이데올로기의 거대 담론을 차치하고라도 우리는 종종 사회제도나 규범이 자유를 구속하는 것을 경험한다. 성숙한 사회에서 이루어지는 개인의 자유는 사회의 도덕적 규범의 통제와 더불어 개인의 자율성에 기반한다.

자유에는 자율이라는 개념이 상호적으로 작용한다. 칸트(Kant)는 자유, 자율을 근대적 개인성의 하나로 보고 도덕적 자율에 기반한 자유와 개인의 선택적 자유의 상호관계를 설명하였다. 자율성에는 자유에 대한 사유를 기반으로 자기 통제가 강하게 존재한다. 자유와 자율은 도덕이라는 틀 안에서 행사되는 공통점이 있지만 도덕은 사회적 도덕과 개인의 주관적 도덕이 언제나 일치하지 않는 어려움이 있다. 엄밀하게 도덕이라는 기준에 종속되고 있는 자유가 진정한 자유인가라는 질문도 배제할 수 없으며 도덕 기준에서 일탈한 모든 것들은 '자유가 아닌 방종인가?'라는 질문 역시 배제할 수 없다.

이 2가지 자유의 보장은 사회의 정치적, 종교적 환경에 따라 어느 정도 양립적 수용이 가능할 수 있으나 쉽게 결정할 수 없는 점이 자유의 딜레마이다. 그러나 자율이라는 것은 스스로 인지하는 규범적 도덕에 기초한 개인의 행동이기 때문에 대부분 사회적 도덕규범에서 벗어나지 않는다. 자유로운 사회는 개인의 자유를 자율적 행동으로 인정하고 수용하는 사회적 분위기가 조성된 사회이지만 개인 역시, 스스로 자유에 대한 책임의식을 갖고 있어야 한다.

프랑스에서는 개인의 자유와 자율권의 행사가 사회제도나 단단한 교회법을 변화시킨 사례들이 종종 발견된다. 혼인의 자유권을 행사하면서 결혼하지 않고 함께사는 동거 부부의 증가, 사랑의 자유권을 행사한 동성애자들의 증가에 대해 이들의 자유권을 통제하는 대신 교회법과 사회법이 이러한 변화에 맞추어 개정되어 왔다.

자유를 행사하는 데는 역사적 배경과 이데올로기의 영향력이 매우 강하게 존재한다. 우리나라는 남, 북의 정치적 이데올로기의 차이로 개인의 자유권은 절대로 국가의 안전에 앞서 존재할 수 없었다. 개인의 자유가 희생된 역사적 시간 속에서 자유는 늘 살얼음이 언 얇은 빙판 위의 걸음처럼 조심스러웠고 자유에 대한 인식은 가져서는 안 되는 위험한 물질과도 같았다.

반면 프랑스인들이 인식하는 자유는 모든 정치적 이데올로기, 종교적 교리로부터의 구속, 간섭, 통제에 반대되는 개념으로 왕가의 처형과 시민 혁명의 사회적 혼란이라는 어마한 대가를 치르고 얻어냈기 때문에 국가는 개인의 자유 반석이 있어야만 존재할 수 있다. 이들은 혁명의 역사성과 그 의의를 잊지 않고 있으며 이들의 정치적 담론은 항상 개인 자유의 가치가 우선임을 증명하고 있다. 이러한 것들이 지속될 수 있는 것은 프랑스인들은 자유란 단지 구호나 요구가 아니라 스스로 짊어져야 하는 책임이 동반되어야 한다는 것을 잘 인지하고 있기 때문이다.

자유와 책임의 관계는 인간의 본성으로 자연스럽게 인지하는 것이 아니라 교육을 통해 습득, 형성된다. 방종과 자유의 차이를 학습하듯 자유와 책임의 관계도 교육으로 체화한다. 그래서 자유와 책임 의식의 비례 정도는 민도를 측정하는 바로미터가 된다. 교육으로 성숙한 사람에게는 자유를 행사하면서 타인을 불편하게 할 때 스스로의 자유를 통제하는 학습적 도덕성이 내재해 있다. 자유에 대한 책임감은 외부에서 외치는 소리에 반응하는 것이 아니라 내면의 성숙도가 키워내는 인격에 반응한다. 모든 프랑스인이 다 성숙한 인격을 가지고 있는 것은 절대 아니지만 지식인의 자유에 대한 태도, 책임감이 하나의 모델로 일반적인 자유에 대한 사회 분위기를 형성해 가고 있는 것이 부러울 때가 있다.

자유의 보편적 가치는 인간 본성의 가치와 직결되어 있다. 하늘을 자유롭게 날아다녀야 하는 새를 새장에 가두고 있거나 넓은 광야에서 뛰어다니는 사자를 우리 안에 가두어 놓는 것은 동물의 본성을 인간이 억압하는 강도 높은 동물 학대이다. 이런 새와 사자를 볼 때마다 우리 자신이 그렇게 가두어져 있는 것 같아 마치 폐소 공포증에 걸린 것 같은 눌림과 답답함을 경험한다. 인간의 본성 안에 내재한 자유를 통제하는 방법이나 형태는 너무나 다양하기 때문에 때론 자유를 억압당하고 있어도 의식하지 못하는 경우가 있다. 이는 사회나 시대에 따라 자유에 대한 문화, 교육적 배경과 자유권에 대한 해석이 상이하여 개인이 인지하는 자유의 민감도가 다르기 때문이다.

들판의 생태와 자유를 본능적으로 갖고 있는 사자와는 다르게 인간은 교육을 통해 진정한 자유를 사유하는 인식 체계를 형성하기 때문에 교육적 환경과 배경에 따라 자유에 대한 해석, 요구, 민감도가 다르게 나타난다.

니컬러스 윈턴(Nicholas Winton)은 자유란 여러 상황에서 가치 있는 것을 성취하는 능력이라고 정의하였지만 다양한 사회는 가치의 기준도 다양하기 때문에 무엇이 우리가 살아가는 삶의 가치를 만드는가에 대한 깊은 확신을 재고하는 각자의 능력이 필요하다. 인간의 자유는 때론 확고하지 못하고 때론 방종의 선을 넘나들기도 한다. 그러나 단단한 가치 체계 위에 얹어진 자유는 끊임없는 존재의 의미를 사유하고 인간됨을 잊지 않으려는 노력 덕분에 오랫동안 지속이 가능하다.

아리스토텔레스(Aristoteles)는 인간을 이성적 동물로 정의하고 이성적 동물에 대한 다양한 설명을 추가하였다.

이성적 동물인 인간의 진정한 자유는 감정보다는 이성적 판단으로 행사되어 자유에 대한 책임감, 타인의 자유를 인정하는 것으로, 이는 시대를 불문하고 일관성 있게 요구되어 온 자유 개념의 필수적인 요인들이다.

인류의 보편적 가치로서 자유는 일상생활과 사회관계 안에서 실질적으로 행해진다. 파리지앙들의 자유로운 일상은 때론 분방해 보이지만 분명 그들만의 기준으로 만들어진 자유가 자리 잡고 있어 파리는 늘 묘한 매력을 보여주고 있다. 규범의 통제라는 울타리가 있지만 이 안에서의 자율권은 강한 개인의 자유가 되고 있으며, 간혹 울타리를 넘는 경우에도 타인에게 피해가 가지 않는다면 사회적 질타보다는 사회적 묵인이 허용되는 사회이다.

10년 전의 프랑스 사회에서 말하는 자유와 10년 후의 자유가 다른 모습은 아니다. 이유는 자유란 시간에 영향을 받으면서 변화되는 것이 아니기 때문이다. 그러나 자유를 통제하는 요인들은 시간에 따라 변화한다. 예를 들자면 시간 속에서 이루어지는 시대의 이데올로기와 사회적 배경 등의 변화에 따라 자유는 축소되고 통제되면서 때론 이상한 모양으로 재단된다. 많은 사회적 갈등들이 공기처럼 자연스러웠던 자유를 통제했고 시민들은 이에 저항한 역사를 우리는 직, 간접으로 체험했다.

많은 시간 속에서 프랑스 국민이 요구해 왔던 자유권은 정치적 이데올로기나 종교적 신념, 거시 경제적 요인에 의해 통제되어 왔지만 사실, 일상생활에서 개인의 자유를 통제했던 사건들이 더 체감 높은 자유권을 요구했다. 이미 앞의 여러 사례에서 보았듯이, 사소한 종교 의복, 교육 현장에서의 자유토론, 기호품의 통제 등등이다. 개개인의 소소한 자유를 인정하는 것이 국민의 자유권을 보호하는 중요한 첫걸음임을 보여주고 있다.

민주주의 사회는 자유의 딜레마를 조절하는 사회적 합의가 필요하고 나의 자유와 같이 타인의 자유도 고려해야 하는 자유의 상호성도 매우 중요하다. 지극히 개인적인 자유의 가치는 아이러니하게도 타인과의 관계에서 발휘되는 경우도 많기 때문이다.

프랑스 혁명 이후 오늘까지 약 200년간의 자유에 대한 인식, 의지, 권리를 학습해 왔지만, 관계 속에서 살아가는 개인의 자유의 한계는 늘 자유의 딜레마를 통해 경험한다. 자유에 대한 인식은 관계의 시간 속에서 진정한 자유로의 성장을 기대할 수도 있지만 시간의 질감은 오히려 자유를 억압하는 요인이 되기도 한다.

프랑스인들의 자유는 사회의 성숙도와 함께 성숙하기도 했고 사회변화로 인해 민감하게 자유가 움츠러들기도 했다. 개개인 내부의 다양한 편견과 압박, 스스로 얽매이는 것들로부터의 자유를 추구하면서 다양성의 포용을 주장해 온 프랑스의 톨레랑스는 점점 그 색이 희미해지고 자유의 색 명도도 점점 낮아지고 있다. 자유의 한계에 자주 부딪히고 있는 프랑스 사회를 보면서 나와 타인 간의 자유의 무게가 어느 쪽으로 더 기울어져 있는지를 살피는 관계성에서 자유를 생각해 보아야 한다는 것을 다시 한번 깨닫게 된다.

# "생각한다, 고로 나는 존재한다(Cogito ero sum)"를 실천하는 철학의 요람

Walk around Paris through the humanitiesris

늘 익숙한 곳에서도 뜻하지 않게 마주치는 사건이나 장면은 작은 울림으로 많은 생각들을 불러오고 때론 인생에 새로운 전환을 만들어 주는 계기가 되기도 한다. 개인적인 경험으로 어느 여름, 해가 진 저녁 파리의 동네 거리를 산보 중이었다. 상가의 문들이 다 닫히고 식당과 카페에만 사람들이 있어 골목길은 썰물이 빠져나간 듯한 분위기로 더운 여름의 열기가 진정되고 있었다. 좀 후미진 곳에는 걸인들이 잠자리를 준비하거나 이미 유일한 가족인 강아지와 함께 취침에 들어간 걸인들도 있었다. 파리의 걸인들은 거리 모퉁이나 한기를 피할 수 있는 공간이면 버려진 매트리스 한 장으로 충분한 주거 공간을 만들어 생활하고 있다.

이날 거리의 모퉁이를 돌아서니 좀 신선한 광경이 눈에 들어왔다. 가로등 아래에서 한 걸인이 열심히 독서 중이었다. 기본적인 욕구도 스스로 해결하지 못하고 자신의 삶을 방치하고 있다는 걸인에 대한 편견을 갖고 있는 나에게 배보다는 머리를 채우고 있는 이 걸인의 모습은 신선함 그 이상이었고 그의 지식욕을 채우고 있는 책 제목이 너무 궁금했다. 너무 독서에 몰입하고 있어 사람이 가까이 오는 것도 알지 못하는 듯했고 다행히 가로등 아래 비스듬히 누워서 책을 읽고 있어 제목을 슬쩍 엿볼 수 있었는데 책 제목은 바로『소피의 세계』였다. 오래전 번역본으로 읽었던 요슈타인 가아더(Jostein Gaarder)의 철학 입문서 같은 『소피의 세계』는 철학에 관심을 갖고 읽었던 책이라 남다른 기억이 있다. 거리에 이불을 펴고 비스듬히 누워 가로등 불빛으로 철학책을 읽고 있는 이 걸인의 한 컷은 마치 고대 그리스의 디오게네스(Diogenes)를 대표하는 키니코스(Kynikos) 학파의 한사람이 타임머신을 타고 현대에 들어와 있는 것 같았다. 견유학파라고 불리는 이 철학자들은 무욕, 자족, 무치를 실천하면서 사유의 세계를 탐색하는 사람들이다. 이 걸인이 읽고 있는 책 한 권으로 자신의 삶을 방치하고 있다고 생각했던 걸인에 대한 편견은 세상의 속물스런 가치에 연연하기보다는 철학적 사유를 추구하면서 무욕을 실천하고 있는 것 같은 긍정적인 편견으로 바뀌었고, 독서삼매에 빠진 걸인의 이미지는 배부른 돼지보다는 생각하는 인간이 되도록 격려하는 메시지를 전하고 있는 듯했다. 지나쳐 갈 수 있는 장면이 준 개인적 경험은 작은 울림이지만 오랜 시간 머릿속에서 삶의 지향점을 잃지 않게 하고 있다.

경제가 목표지향적이라면 철학은 사유지향적이다. 둘 다 인간의 삶에 필요한 것이지만 군이 분류해서 보자면 경제는 동물적 욕구를 충족하여 생물학적 삶에 필요한 생존의 개념인 반면 철학은 인간의 사유적이고 정서적인 삶을 지향하는 생활의 개념이다. 인간은 경제와 사유가 함께 필요하고 이 두 개념의 우위를 단정적으로 논할 수는 없지만 인간만이 지닌 인간성을 생각한다면 철학적 사고에 우위성의 무게가 좀 더 기울어질 것이다.

'프랑스인들은 다른 나라 국민들보다 더 철학적이다'라고 주장하는 이 명제 아닌 명제를 애써 증명하려는 여러 가지 농담들이 있다. 그중에는 우울한 파리 날씨가 사람을 사색적으로 만든다는 이야기도 있다. 이 농담이 생각나면서 외국인 같은 이 길거리 방랑자도 파리의 기후환경으로 이런 사유하는 인간으로 변화되었나 하는 가벼운 생각을 해 보았다.

인간 본성에는 사유하는 능력이 있기 때문에 프랑스인들만이 철학적 사유를 갖춘 것은 아니다. 그러나 이들이 철학에 관심을 더 많이 두고 있는 것은 기후환경이나 선민의식이 아닌 바로 철학을 접할 수 있는 교육환경이다. 그래서 프랑스인의 철학에 대한 자부심은 곧 지성에 대한 자부심이기도 하다.

프랑스의 철학적 환경은 역사적 배경에서 서서히, 그러나 강력하게 이루어져 왔다.

르네상스의 인본주의는 아주 오랜 시간 신에 종속되어 독립적인 인간성에 대한 성찰 없이 인간을 지배했던 신에 대한 사고를 인간중심으로 변환하면서 인간에 대한 이해와 자아성찰의 싹을 틔웠다. 또한 르네상스에 이은 계몽주의는 기존사회의 다양한 억압, 인습, 제도에 새로운 이성의 빛을 비추어 민중을 계몽하고 인식적 사고의 빗장을 열어주면서 인간의 사유를 발전시켰다. 이 발전에는 철학이라는 학문이 구심점으로 큰 영향을 주었고 학문의 중심에는 프랑스 철학자들이 있었다. 이들의 업적은 물질적이고 결과론적인 실체에 비할 수 없는 인간의 정신적, 사유적 영역의 기본적인 틀을 정립하여 인간 사고의 가치를 가시화하였을 뿐 아니라 학문으로서의 철학을 구축하여 인간 이성의 영역을 개발하는 기초를 세운 점이다. 신에게만 의존했던 사고 체계의 의존성을 독립적이고 자율적인 인간의 사유 체계로 변화시키면서 인간과 신의 관계의 객관적 시각, 존재의 독립성과 개체성에 눈을 뜨게 하였다.

철학을 학문으로 구축한 프랑스의 철학자로는, 중세 시대에 너무나 군건했던 종교적 편견과 사회체제에 대해 강한 비판을 한 몽테스키외(Montesquieu)와 볼테르(Voltaire)를 시작으로 계약론, 사회론, 자유권 등 많은 철학 저서를 남긴 장 자크 루소(Jean-Jacques Rousseau), 인간은 생각함으로써 존재한다는 철학적 사유의 인간을 강조한 르네 데카르트(René Descartes), 존재 인식의 장을 펴준 현대의 철학적 지성인인 장 폴 사르트르(Jean-Paul Sartre)와 미셸 푸코(Michel Foucault), 여성의 문제를 철학적으로 해석한 시몬 드 보부아르(Simone de Beauvoir) 등이 있다. 이들의 철학적 사유 체계는 프랑스뿐만 아니라 유럽 그리고 전 세계의 철학적 학문의 단단한 건축물을 쌓아 올려 철학이 상아탑과 문자로만 존재하는 것이 아니라 사회의 장과 생활 속에서 실천되어야 함을 강조하면서 인간의 철학적 사고를 끊임없이 일깨웠다.

프랑스인들의 철학적 사고는 이러한 역사적 배경과 학문으로서의 철학에 대한 자부심으로 시작되어 철학교육으로 더 단단하게 형성되었다.

철학은 고교 과정의 중요한 과목이다. 학생들은 철학 과목을 통해 '왜?'라는 질문으로 자유롭게 사유할 수 있는 인간으로 성장한다. 철학 교육의 역사는 계몽주의 시대 유럽, 특히 프랑스 철학자들의 사유를 바탕으로 19세기 초인 1808년 나폴레옹시대부터 시작되어 오늘날까지 이어지고 있다. 철학 과목은 고3 대학입학예비고사인 바칼로레아 시험 과목에 포함되어 있다. 매년 출제되는 철학 시험 주제에 대한 관심은 곧 프랑스인들의 철학에 대한 관심을 대변한다. 바칼로레아 철학 시험 시간이 끝나면 곧바로 철학과 교수의 논리적 분석이 방송매체를 통해 발표된다. 교수의 전문적 논리분석은 모범 답안이라기보다는 주제에 대한 분석 과정의 예시이다. 학생들이 작성한 철학 시험 답안의 평가는 주제에 대한 논리적 근거, 유연한 사고, 명석한 분석으로 가설을 증명했는지를 보는 것이다. 다양한 접근방식을 사용하여 자기만의 가설을 증명하는 사유의 전개가 핵심이다. 이러한 사고의 연습은 생활 속에서 부딪히는 다양한 사건에 대한 해석은 물론 더 나아가 존재에 대한 사유 체계 형성에 머릿돌이 된다. 다음의 몇 가지 철학 주제를 보면 프랑스 사회가 고등학교 학생들에게 요구하는 철학적 사고의 수준을 알 수 있다.

'존재에 대한 사유를 이끌 수 있는 주제로는 '지금의 나는 내 과거의 총합인가?', '무엇이 내 안에서 어떤 행동을 해야 할지를 말해주는가?' 등이 있으며 '스스로 의식하지 못하는 행복이 가능한가?', '행복은 단지 한순간 스치고 지나가는 것인가?', '행복은 인간에게 도달 불가능한 것인가?', '행복은 모든 행동의 목적인가?' 등 인간이 가장 많이 바라는 행복에 관한 주제도 있다. 자주 딜레마에 빠져드는 자유에 관한 주제로는 '자유는 주어지는 것인가 아니면 싸워서 획득해야 하는 것인가?', '관용의 정신에도 비관용이 내포되어 있는가?', '권리를 수호한다는 것과 이익을 옹호한다는 것은 같은 뜻인가?' 등이 있다. 또한 예술에 대한 인식을 유도하는 질문으로 '예술작품은 반드시 아름다운가?', '예술 없이 아름다움에 대해 말할 수 있는가? 등이 있다. '정상적인 것과 비정상적인 것의 경계선을 규정할 수 있을까?', '신이 없다면 모든 것이 허락되는가?', '일시적이고 순간적인 것에도 가치가 존재하는가?' 등과 같은 다소 추상적이고 관념적인 주제로 매우 다양하고 다층적인 사고를 요구하고 있다.

이러한 주제를 보면 단답형으로 나올 질문들이 절대로 아니다. 본질적인 것에 대한 관심, 일반적이고 보편적인 진리에 대한 다양한 사유, 삶과 너무 밀착되어 있어서 근본적인 것을 생각하지 않았던 여러 개념에 대한 인식 등을 유도하고 있다. 상식적인 것에서부터 전문성이 있는 주제들은 다양한 사고의 세계를 경험하도록 유도함으로써 근원적인 것에 대한 성찰의 기회를 준다. 이러한 철학 시험을 준비하는 고등학교 과정이 곧 철학의 입문 역할을 하고 학습된 사유 방식이 생활 안에서도 실천되고 다양한 사회문제를 바라보는 시각의 깊이를 돕는다. '어떻게?'라는 방법론보다는 '왜?'라는 근원적 질문으로 사고의 깊이를 확장해 가는 것이다. 이러한 철학적 사고는 일방적인 지식의 습득이 아닌 사고하고 유추하는 과정에서 자신만의 사고의 세계를 형성하고 이것을 기반으로 지식이 얹어져 두뇌활동이 가장 활발한 청소년기의 지식 체계를 만들어 간다.

이미 정해진 답을 주입하는 교육은 예상된 논리로 안전할지는 모르지만 인생의 다양한 사유와 존재, 예술 등에 대한 근본적인 질문에 대한 다각적인 탐색의 시도가 없어 논리 체계의 발전을 제지하고 위험신호가 발생할 때 스스로 답을 찾아가는 탐색적 사유 체계를 갖지 못한다.

그러나 청소년 시기에 사유를 유도하는 철학교육은 의식적, 무의식적으로 머릿속에 있는 생각의 무한한 촉들을 건드려 활성화하는 중요한 역할을 한다. 프랑스 청소년들은 의무적으로 철학에 입문하지만 이를 통해 기본적인 사고의 체계를 갖고 일상에서 익숙한 진리나 명제들을 자신의 인식 체계 안에서 다시 한번 생각하게 된다. 또한 사유의 특성으로 생각은 한곳에 머물러 있지 않고 꼬리에 꼬리를 물고 이어지면서 사고의 공간을 넓혀간다.

대학 예비고사인 바칼로레아의 프랑스어 시험은 고2 때 치러지고 철학이 고3 때 실행되는 것을 보면 철학적 사유에는 어느 정도 성장의 시간이 필요함을 의미하기도 하지만 모국어의 자부심을 철학에 양보한 프랑스인들의 철학에 대한 큰 자긍심을 상상해 볼 수 있다. 철학 시험 준비가 만만치 않지만, 이 과목에 대한 불만이나 철학 시험 폐지에 대한 논의가 없는 것 역시 철학에 대한 자긍심으로 해석할 수 있다. 프랑스 사람들은 사석에서 농담 반, 진담 반으로 바칼로레아 철학 시험의 점수로 개인의 성숙도와 사고의 깊이를 평가하는 이야기를 많이 한다. 특히 여러 역대 대통령들의 철학 점수로 그들의 정치 철학을 평가하기도 하고 이들의 지성을 평가하는 것이 새삼스럽지 않다. 재미로 하는 이야기이지만 그만큼 철학적 사고의 깊이를 중요하게 여기고 있음을 간접적으로 시사하고 있다.

철학은 다양한 문화환경 안에서 이들과 융합되어 시대의 정신을 대변한다. '문화환경은 철학을 기반으로 하고 있다'는 헤겔(Hegel)의 말을 프랑스의 풍부한 예술과 문화 그리고 그들의 생활이 증명하고 있다. 프랑스 철학이 다양한 문화와 융합된 시기는 계몽주의 시기로 당시 살롱 문화에서 시작되었다. 당대 각계각층의 지성인들의 모임은 그냥 잡담의 수준이 아니라 자신들의 전문적인 의견과 철학적 사고들이 결합한 학문의 융합이 이루어지는 중요한 시간이었고 공간이었다. 연구소의 딱딱한 분위기와는 다른 살롱 즉, 거실 공간이 주는 편안함 속에서 오가는 학문적 대화의 기술이 자연스럽게 철학의 생활화를 구축하였다.

프랑스인은 인생의 맛(Le goût de la vie)을 찾고 이를 즐길 줄 아는 것을 중요하게 생각한다. 쉽게 표현하자면 우리 삶 안에 존재하는 다양한 삶의 풍미를 찾아 행복이라는 감정을 쌓아가는 삶을 지향한다. 쉽게 표현하자면, 어려운 일이나 힘든 사건에 너무 매몰되지 않으려 하고 주어진 일회성의 삶의 다양한 것들을 발견하고 체험하면서 어려운 것을 이겨내고 성숙하면서 인생의 참맛을 알아 가려고 한다. 인생의 맛이라고 하는 이 한 단어에는 삶의 엄숙함, 고통, 슬픔, 애환과 같은 묵직함과 함께 기쁨, 환희, 열정, 행복과 같은 상쾌한 가벼움을 모두 담고 있다. 이러한 매우 다양한 삶의 맛을 알기 위해서는 기본적으로 삶이나 존재 자체에 대한 사유가 밑받침되어야 맛을 찾는 능력이 생기고 맛도 느낄 수 있다. 시각, 청각, 후각, 미각, 촉각의 오감에 철학적 감각이 더해진 프랑스인들이 즐겨 표현하는 '인생의 맛은 비록 문자이지만 이들이 철학적 사고를 생활화하는데 훌륭한 도구적 역할을 한다.

그래서 철학적 사유는 삶에 끌려가는 것이 아니라 삶을 이끌고 가는 멋짐을 동반한다. 일반적으로 프랑스인들 하면 패션의 멋짐을 떠오르지만 이들과 친해지면 종종 이들이 갖고 있는 성숙한 사고방식의 깊이에서 멋짐을 느끼게 된다. 흉터를 비웃기보다는 흉터 이전의 상처를 보려는 노력, 흉터를 감싸 안으려는 포용, 그리고 편견으로 무장한 이분법적 단답형의 삶을 지양하고 사고의 다양성을 추구하는 이들의 사고방식 역시 철학교육이 있어 가능한 것 같다.

물질의 풍요는 자본의 힘을 과시하는 수단이 되지만 프랑스인들은 자본의 과시로 정신적 풍요가 훼손되는 것을 어느 정도 경계할 줄 안다. 또한 빈곤의 개념을 경제적 빈곤으로만 해석하지 않고 정서적, 관계적, 감정적 빈곤 등으로 해석하면서 빈곤에 반대되는 풍요의 연대를 중요하게 생각한다. 프랑스인들의 노블레스 오블리주(Noblesse oblige)는 이런 배경에서 탄생했다.

과학의 무서운 발전과 경제 헤게모니가 세계 전반을 덮치게 되자 프랑스 교육부는 미래를 위해 교과목의 개혁이 필요하다고 생각하였다. 교육개혁의 시도는 과학 과목에 더 집중하고 대신 기초학문이 되는 철학, 문학을 줄이는 것이었다. 이 발표가 나자 곧 교육계와 학계, 심지어 학부모들까지 반대하여 계획이 중단된 사례가 있었다. 물질적 성공보다는 학문적으로나 정신적으로 중요한 학문의 가치에 대한 프랑스인들의 인식과 물질적 성공이 인생의 목적이 아님을 증명한 사건이었다.

16세기 데카르트(Decartes)로부터 시작된 프랑스의 철학적 사유는 오늘날 프랑스인들의 철학적 생활화의 문을 열어주었고 철학이 이끄는 사회연대의 길을 만들었다.

데카르트에 이은 동시대 철학자 중 한 명인 볼테르(Voltaire)는 '철학은 이론이 아니라 행동이며 이 행동을 만든 철학의 업적은 삶의 긍정적인 가치들을 제시한다'고 하였다. 또한 그는 '인생은 끝나지 않는 영원한 전쟁이지만 전쟁 중에서 받은 상처를 치료해 주는 유일한 치료제가 바로 철학'이라고 표현하면서 철학이 우리 삶에 반드시 필요한 이유를 명확하게 설명하였다.

20세기 초, 앙드레 말로(André Malraux)는 '자신은 인생이 아무 가치가 없다고 배웠지만 인생보다 더 가치있는 것은 없다'는 자기만의 철학으로 삶의 철학적 가치를 역설하였다.

많은 철학자들은 인생을 살아가는 방법에 앞서 우선 인생을 어떻게 받아들여야 하는가? 라는 근원적인 삶의 수용에 대한 철학적 사유에 몰입했다.

토마스 아퀴나스(Thomas Aquinas)는 '인간의 영혼은 시원적으로 개별적 영혼이기 때문에 각자가 가질 수 있는 앎도 역시 개별적일 수밖에 없다'고 했다. 이러한 지식의 개별성과 마찬가지로 사유도 개별적이다. 개별적인 자신의 존재성에 대한 사유와 지적 체계가 단단할수록 다양한 방법으로 개별 존재성을 사유할 수 있고 자기만의 색을 갖고 삶을 누릴 수 있다. 일반적으로 삶의 행태는 시대와 사회의 특성에 따라 끊임없이 변화되는데, 많은 사람들은 자기만의 가치 체계와 존재성에 대한 성찰이 부족하여 변화하는 사회의 객관적인 기준에 자신을 맞추어 가는 것에 많은 시간을 허비한다. 예컨대 자신만의 색이 없이 불분명하고 맞지 않는 남의 색을 따라 살면서 정서적 피폐감, 감정 소모, 허망함 등을 경험하면서 생을 보낸다.

이러한 삶을 피하기 위해서는 자신의 가치, 지식 체계, 사유 체계 등을 개발하고 체화해 가야 한다. 철학적 사유는 인간이 내재한 공통된 지식기반이지만 사유의 깊이는 개별적으로 다양하다. 성장배경, 지적 환경, 문화적 배경에 따라 사유는 개별성을 갖게 된다. 삶의 본질을 찾는 노력과 훈련은 생활 방법, 타인과의 관계, 사물에 대한 해석, 이해와 함께 쌓여 간다.

철학적 인식은 물질에 대한 욕망, 성공을 위한 무한경쟁에서 그나마 인간성의 색을 유지하고 사람다운 냄새를 갖게 하는 히든 매커니즘이다. 드러나지 않지만 드러난 것보다 더 강하고 소리는 없지만 묵직한 음량을 지닌 철학은 공기처럼 귀중하다.

철학을 몰라도 인간은 삶을 살 수 있다, 그러나 철학이 없으면 인생이 지닌 참된 진가를 모르고 생을 마치게 되어 주어와 동사가 빠진 채 목적어만이 난무하는 삶을 살게 된다.

인간은 '왜?'라는 질문을 할 수 있는 유일한 동물로 인간만이 사유의 본성을 갖고 있다. 그러나 이 본성은 개발하거나 발전시키는 도구나 기회가 없으면 퇴보하기 때문에 사유하는 방법, 사유의 경험, 사유의 습관이 생활 속에서 체질화되어야 사유의 가치가 발휘된다.

인간에게 철학이 필요한 이유는 다양하지만 바로 이러한 철학적 사유 능력이 각자의 삶을 주도적으로 살게 해 주기 때문에 철학이 필요하다. 인간의 기본적인 의식주가 물질적인 기본생활자원이라면 올바른 생각을 할 수 있는 능력은 인간적인 정서적 자원이다. 물질적인 삶의 질은 편안함, 안락함, 용이성 등 생활행태의 질이지만, 철학 안에서의 삶의 질은 사유하는 인간다움, 본질에 충실한 인간성으로 나를 나답게 만들어 주는 존재적 정신적 삶의 질이다. 더 나아가 개별적 사유는 개인의 고유성을 형성하고 사람다운 인간을 형성한다.

현대 사회는 정형화된 사회적 기준 틀 안에 사람을 가두는 시스템의 헤게모니가 개별적 사유 체계를 덮고 사유의 기회를 차단한다. 경제나 자본의 속성은 목표를 향한 무한 질주, 무한 경쟁 체계에서 움직이기 때문에 양적 확대를 위한 목표에는 브레이크가 없다. 자본의 가치가 나쁜 것은 아니지만 자본의 양적 목표에 대한 집념은 목표 달성만을 위한 방법만 존재할 뿐, 왜 해야 하는지 사유가 존재하지 않아 끝없는 질주로 인간성이 상실되고 인간의 속물성이 벌거벗겨진 채 그대로 드러난다.

더욱이 경쟁의 부산물로 오는 상대적 박탈감이 너무나 크기 때문에 개별적 삶에 대한 인식조차 못 하는 경우가 허다하다. 현대 사회의 속물성에서 벗어나기 위해서는 왜? 라는 질문을 할 수 있는 도구로 철학이 필요하고 자신의 환경을 객관적으로 관찰하는 시간 즉, 철학적 사유의 시간이 필요하다. 그러나 현대인들은 바쁘다는 핑계로 우리 삶속에 녹아 있는 철학적 입자들의 존재를 깨닫지 못하고 성공을 위한 경쟁의 바퀴 속이 온 우주인 양 살아가게 된다.

철학은 방법론보다는 존재론적인 사유로 자본주의 시대의 과속 경쟁을 제어하는 역할을 할 뿐 아니라 인간의 삶에 방향을 제시하고 내면의 소리에 귀를 기울일 줄 아는 인간의 인간다움을 유지 시켜준다.

철학에는 경제가치나 권력의 힘과는 상대적 비교가 될 수 없는 도덕적 가치가 있다. 가난하고 못 배운 사람들이 인지하는 삶의 철학이 권력가와 경제인의 삶의 철학보다 낮다고 비하하는 것은 절대적 무지를 날것 그대로 드러내는 수치이다. 이러한 성인들의 미성숙과 미완의 지식이 젊은이들의 앞날에 어두운 그림자가 되어서는 안 된다.

인간이 자주 범하는 오류 중 하나는 자기 기준으로 남을 평가하고 자기가 보고 싶은 것만 보고자 하는 데 있다. 그러나 이 오류는 철학적 교육 수준과 철학적 사고 체계의 경험으로 수정이 가능하다. 철학적 사고는 인간 사고의 오류를 줄이고 세상 기준에 자신을 유연하게 적용할 줄 알게 되어 작은 것에 연연하기보다는 더 큰 그림 속에서 삶을 객관화하면서 진정한 인간으로 되어갈 수 있다. 또한 이러한 사고는 인간에게 가장 평등하게 주어진 시간의 밀도를 높여주어 사유의 차별성을 극대화한다. 시간은 늘 흘러가고 있지만 철학적 사고로 보내는 시간은 축적되면서 엄청난 결과로 나타난다. 이 결과는 눈에 보이는 가시적인 것보다는 눈에 보이지 않는 인간 내면의 성숙과 성장의 크기이다.

프랑스인들의 철학에 대한 관심과 철학적 사고는 가난을 부끄럽게 생각하지 않는 반면, 타인의 삶을 흉내 내는 자기만의 색이 없는 몰개성을 부끄럽게 생각하고 물질에 정신을 양보하는 어리석음을 경계하도록 유도한다.

가로등 불빛 아래 철학 서적을 읽고 있는 걸인은 비록 노숙자의 삶을 살고 있지만 그의 사유 체계는 그의 사회적 빈곤지수와 절대 비례하지는 않을 것이다. 길거리 걸인의 철학적 관심이 부러운 것은 오늘날 확고한 철학이 없이 미성숙한 사유를 지닌 사회지도층들의 속물성이 사회 깊은 곳까지 뿌리를 내리고 있기 때문일 것이다. 어느 여름 저녁 동네에서 보게 된 걸인의 독서하는 모습은 자본주의 사회의 속도와 물질의 힘에 휘둘려 있던 나의 머릿속에 강한 울림이 되어 '배부른 돼지보다는 사유하는 인간'이라는 삶의 명제를 늘 되새기게 해 주었고 가난의 정의를 재정립해 준 작은 사건이었다.

아주 작은 손짓과 몸짓 때론 작은 소소한 행위 자체가 철학적 사고를 깨우쳐주는 것을 보면 파스칼의 말대로 인간은 생각하는 갈대로 아주 짧은 사색이라도 인간의 거대한 사유 세계를 열어주는 단초가 됨을 알 수 있었다.

기억이란 시간의 길이도 중요하지만 순간의 장면이 인생에 전환점이 되어 아주 오랜 시간을 함께 해 주는 것이다.

# 연대와 갈등의
# 줄타기를 하는
# 프랑스인들의 관계성

*Walk around Paris through the humanitiesris*

**민족마다** 타인과의 관계성을 한눈에 짐작해 볼 수 있는 것 중 하나가 공공장소에서의 행동이다. 특히 한 공간에서 타인과 오랜 시간을 보내야 하는 경우 관계의 특성이 잘 드러난다. 지금처럼 저가항공사가 없었던 시절 기차를 타고 로마를 간 적이 있었다. 파리에서 출발한 기차 안은 정적이 흐르는 것처럼 조용하였다. 남에게 피해를 주지 않으려는 프랑스인들의 생활 에티켓이 때론 너무 삭막하다고 생각하고 있었다. 그러던 중 이탈리아와 프랑스 국경에 가장 인접해 있는 모단(Modane)역에 기차가 도착하니 프랑스인들이 거의 모두 하차하고 대신 로마로 들어가는 이탈리아인들이 승차하였다. 기차가 역을 출발하자마자 이제까지 조용했던 기차 안은 이탈리아인들의 대화로 시끄러워지기 시작하였다. 0도의 온도로 기차 안에 정적을 만들었던 프랑스인들에 비해 처음 보는 사람들끼리 편하게 대화가 오고 가는 이탈리아인들 덕분에 기차 안의 기온은 체온 수준으로 급상승하고 파리에서 출발하여 6~7시간의 기차 안 정적이 준 긴장감이 풀어져 소음이 주는 편안함을 경험한 적이 있었다.

프랑스인들의 공공 에티켓은 기차 안이나 식당, 카페와 같은 밀폐된 공간 안에서의 목소리 조절뿐 아니라 거리에서 타인과의 거리 두기에서도 찾아볼 수 있다. 인파가 많은 거리를 걷다 조금만 스쳐도 미안하다고 하고 복잡한 거리에서도 서로 밀치는 경우는 매우 드물다. 그러나 타인을 배려하는 따뜻한 마음의 매너는 종종 차가움으로 느껴지기도 한다. 특히 이방인들이 거쳐야 하는 행정기관 업무 담당자들의 인상은 한결같이 차갑고 냉정하고 이 냉정함은 어눌한 외국인들의 프랑스어 실력에 비례하여 더 차갑게 느껴진다. 반복되는 업무와 소통이 원활하지 못한 사람을 대하는 관계가 소모적이기 때문에 늘 같은 온도로 다소 기계적인 태도로 행해지는 것이 이해가 되지만 이방인들이 낯선 곳에서 처음 만나는 프랑스인들이 주는 초겨울 온도의 첫인상은 차가운 겨울바람처럼 강하고 매섭다.

쌀쌀맞은 태도에도 말끝마다 꼭 붙이는 '마담'이라는 존칭은 관계의 온도를 높이기보다는 관계를 단절시키는 차가운 얼음과도 같다.

그러나 조금씩 이들과 교류를 갖고 관계의 지름이 커지기 시작하면 친밀함의 온도도 서서히 올라간다. 일반적으로 프랑스인들의 인간관계는 각자의 생활을 존중하는 적당한 거리 두기와 자아에 대한 신뢰와 자긍심으로 관계의 밀도를 채워간다.

프랑스 인들은 모르는 타인에 대해서는 적절하게 거리를 유지하고 친절이 절대로 과하지 않지만 타인을 무시하고 무례한 행동을 하는 것도 흔치 않다. 이들은 자기 행동과 언어가 곧 자신의 인격이라는 인식이 강하기 때문에 타인에 대한 직접적인 감정 표현을 자제한다. 속마음과 다른 행동이 다소 이중적이기도 하지만 배려라고 생각하면서 합리화하는 면도 있다.

프랑스인들의 기질은 역사적으로 두 민족의 영향으로 형성되었다. 하나는 선조 골루와(Gaulois) 민족의 긍정성과 유머 감각으로 감정에 민감하여 사건에 대한 반응이 즉각적으로 나타나 간혹 폭발하는 기질도 있지만 과거에 연연하지 않고 현재를 즐기는 낙관적인 면도 있다. 또 다른 하나는 로마와 가톨릭 문화의 영향으로 이성이 발달하여 불명확성에 대한 집념과 유추하고 사유하는 강한 지적 호기심을 지니고 있다. 이러한 양가적인 기질은 타인과의 관계성에도 그대로 나타나 처음에 관계를 시작하는 탐색의 기간에는 다소 차갑고 냉정하지만 일단 관계를 맺게 되면 관계의 끈을 두텁게 유지한다.

프랑스인들의 관계성을 해체해 보면 개인주의, 탈 속물성, 공감 능력의 개념이 큰 자리를 차지하고 있다.

모든 관계는 자기를 구심점으로 여러 방향으로 뻗어가면서 하나의 망을 만든다. 나를 중심으로 연결된 혈연, 학연을 비롯한 다양한 루트로 형성하는 관계성을 이야기할 때 우리는 개인주의, 집단주의를 많이 언급한다. 그러나 개인주의는 이기주의와 많이 혼동하여 사용하는데 프랑스인들의 개인주의도 이러한 편견으로 해석되는 경우가 많다.

프랑스에서 '개인주의' 용어는 프랑스 혁명 이후에 본격적으로 사용되었다. 왕정 권력에 대한 저항으로 개인의 자유와 권리를 주장하는 개인주의는 프랑스의 정치 철학자 토크빌(Alexis de Tocqueville)이 처음 개념화하였다. 개인주의의 사전적 의미는 개인의 존재와 가치가 국가와 사회 등의 집단보다 우선이라 생각하며, 개인을 중심에 두고 모든 것을 규정하고 판단하는 사상, 사고방식, 가치관, 신념, 태도, 기질이다. 개인주의자들은 공동체의 가치에 편승하기보다는 자신의 신념에 더 몰두하고 자율성과 독립성, 자기 결정을 중시하지만 자신의 신념에 대한 책임감도 강하다.

진정한 개인주의는 자기 삶의 소중함과 같은 강도로 타인의 삶을 존중하기 때문에 타인의 삶을 방해하면서 자신의 권리를 주장하지는 않는다. 자신의 이익만을 생각하고 타인의 권리를 무시하는 행동은 개인주의가 아닌 이기주의이다. 개인주의에서 남용되고 있는 개인의 자유에 대한 인식이 확고하지 않은 상태에서 자신의 자유만을 고집하게 되면 자기만의 자유에 갇혀 타인과의 관계에서 이기적일 수밖에 없다.

진정한 자유는 자신의 지식 체계를 기반으로 편견, 습관에 갇혀 있지 않은 자유로운 사고를 의미하며 진정한 개인주의는 자신의 삶에 대한 성찰, 책임, 능동적인 행동 등을 기반으로 오히려 타인의 삶도 자신의 삶만큼 중요하다는 인식을 기반으로 한다. 집단주의의 편견과 아집, 권위주의의 비 유연성에 비하면 책임 있는 자유로운 인식 체계를 가진 개인주의의 집합이 사회에는 더 유용하다. 그러나 이런 성숙한 자유와 개인주의를 체화해 가는 것은 사회적 학습과 시간이 필요하다. 자유의 통제가 강했던 사회는 눌렸던 통제의 반동이 크게 반응하기 때문에 방종을 초래하기 쉬워 개인주의의 가면을 쓴 이기주의가 난무하기 쉽고 또한 자유와 방종의 경계를 신중하게 생각하지 않고 자유의 책임을 인식하지 못하는 관계는 갈등이 되고 사회는 무질서가 된다.

진정한 개인주의와 여기에서 파생되는 자기애는 이기적이기보다는 자신의 가치와 인격에 근거하기 때문에 관계의 가장 기본적이고 단순한 행태인 타인에 대한 최소한의 배려와 생활 에티켓으로 나타난다. 예컨대, 개인주의에서 관계는 타인에 대한 예의에서 출발한다고 해도 전혀 과언이 아니다.

예의는 사회 구성원들 간의 일상적인 상호성을 형성하고 유지할 수 있는 생활 규범인 동시에 개인의 교육, 사회자본을 암묵적이지만 강하게 보여주는 기호이다.

프랑스인들이 모두 예의 바른 긍정적인 개인주의를 갖고 있는 것은 아니다. 인종차별도 있고 자긍이 넘친 자만심으로 편견도 강하다. 그러나 어릴 때부터 최소한 타인에 대해 무례를 스스로 지양하는 학습 환경에서 자란다.

자신이 사용하는 언어와 행동이 자신을 대변한다는 인식이 강한 프랑스인들은 '고맙다', '미안하다'라는 언어표현과 존칭어의 사용으로 최소한의 예의가 몸에 배어있다. 몇 마디 언어표현으로 개인주의의 긍정성을 이야기하는 것이 무리가 있지만 간단한 언어 한마디가 인간의 감정을 통제하는 역할을 충분히 한다는 것은 우리는 경험을 통해 잘 알고 있다. 인간관계는 작고 사소한 행동만으로도 진정성이 표현되기 때문에 관계가 시작되는 시기에는 작은 배려와 예의가 큰 울림이 될 수 있다.

프랑스만이 아니라 산업 사회 초기 런던도 사회적 결속력이 약해지는 자유시장경제와 상업화의 공포를 처방하는 수단으로 공손 즉, 예의를 강조하고 이를 계몽하여 사회적 관계의 붕괴를 막는 생활 규범의 도구로 사용했다고 한다. 영국이 계몽을 통해 관계성의 기반을 유지했다면 프랑스인들은 혁명이라는 큰 사건을 겪은 후 획득한 자유에 대한 인식을 자기만이 아닌 타인과의 관계에 머릿돌로 사용하고 있다.

프랑스인들의 타인의 행동에 대한 간섭과 타인을 경시하는 태도는 일단 노골적이지 않으며, 타인과의 적당한 거리 두기가 예의로 학습된 것 같다. 이러한 맥락에서 이들이 경계하는 것 중 하나가 속물성이다.

속물성은 스스로 정한 가치 기준 없이 외부의 가치 기준에 자신을 객으로 놓고 있기 때문에 속물성에는 주체성과 진정성이 결여되어 있다. 진정성은 인간의 도덕성 즉, 옳고 그름의 척도가 되는 도덕관념에 기초한 인간 내부의 참된 자아를 의미하는데, 속물성에는 이러한 참된 자아가 은폐되어 있다. 니체(Nietzsche)는 '인간은 성찰적 수치심으로 스스로를 동물과 구분하고 있으며, 이러한 수치심과 성찰적 내면이 소멸한 인간은 동물과 다를 바 없다'고 표현하면서 인간의 속물성을 강하게 비판하였다. 속물적 인간은 타인이 지향하는 삶에 종속되어 타인을 추종하는 데 급급하여 주체가 결여된 객체만이 존재한다.

자본주의는 새로운 질서와 새로운 계층을 구축하면서 사회계급의 지각변동을 이끌었지만 자본으로 재구성된 사회는 속물 스노비즘 층을 대거 양산하였다. 경제력으로 해결할 수 있는 일들이 많아지면서 돈의 권력은 맛보게 된 사람들의 속물성은 철학적 사유보다는 사회를 점령하고 있는 새로운 자본의 가치로 자신을 포장하고 때론 위태로운 권력을 마구잡이로 행사하기도 한다. 자본과 권력의 힘을 추종하면서 사회 모든 분야에 포진된 속물성은 과시적이고 화려하며 결과주의적이고 소유적이다.

속물적 과시는 자긍심의 결핍에서 비롯되는 대표적인 행태로 스스로 평가받지 못하기 때문에 도구를 이용해 자신의 결핍을 감추고 타인을 끌어내림으로써 자신이 올라가는 듯한 착각에 빠지는 행동이다. 사회 구조적 차별과 성숙하지 못한 가치 체계를 가진 구성원들의 과시, 멸시와 같은 천박한 갑질은 속물의 대표적인 행동으로 타인에게 상대적 박탈감을 줌으로써 권력을 취하려고 하는 것이다.

이러한 속물성은 개인의 삶에만 머물러 있지 않고 인간관계에 상당히 깊게 관여한다. 사회의 가치에 쫓아가 어느 정도 대열에 합류하게 되면 이에 대한 자만심이 타인과의 관계를 해치게 된다. 즉, 속물적 가치와 기준에 도달하지 못한 타인을 경멸하는 반면, 속물적 성공을 이룬 타인에 대한 자기 복종이 심하여 자신의 인격이 손상되는 것을 인지하지 못한다. 이들은 인간이 갖추어야 할 자아나 타인의 인격 존중이 결여되어 있기 때문에 관계 형성이 어려울 뿐 아니라 관계 밀도도 낮고 지속적이지 못하다. 헤겔(Hegel)의 인정욕구이론으로 비추어 보면 이들은 속물적 기준의 경계 안과 밖에 있는 타인을 대하는 태도가 극명하게 구분되어 경계 밖 사람들에 대한 인격 무시가 노골적이다.

대부분의 프랑스인은 이러한 속물성을 경멸하고 스스로 경계하면서 자신의 주체성에 높은 가치를 두는 편이다. 이들은 타인의 다른 가치 체계를 수용하고 다양성을 포용하면서 스스로를 통제한다. 프랑스의 톨레랑스는 이런 배경에서 나온 개념이다. 속물에 대한 경계는 인간관계의 장에서 자기 과시를 억제하여 타인의 상대적 박탈감을 최소화한다. 하나의 예로 프랑스 인들은 자본 권력의 속물성을 경계하여 일단 돈 자랑을 하지 않는다. 이들이 부끄러워하는 것은 가난이 아닌 속물적 생각과 행동이다. 이러한 속물성의 경계는 소비행태에서도 나타나 유행을 좇거나 부유층의 소비양식을 흉내 내기보다는 자신의 개성과 취향에 따라 이루어진다. 명품은 돈을 과시하는 도구가 아닌가에 주의하고 머리에서부터 발끝까지 고가의 차림에 냉소적이다. 그들은 속물적 사고가 속물적 행동으로 나타난다고 생각하기 때문이다.

프랑스인들의 관계를 설명할 수 있는 또 다른 개념인 공감 능력은 타인과의 비교와 경쟁이 아닌 인본에 근거한 타인에 대한 관심에 기반한다.

이웃의 숟가락 수를 알 정도로 서로 문을 열어놓고 오가는 사이는 아니지만 사생활에 대한 호기심 대신 이웃의 어려움에는 기꺼이 함께 하는 공감적 관심은 우리보다 오히려 강하다. 공감 능력이 무조건 실천으로 이어지는 것은 아니지만 같은 질감으로 감정을 공유하는 것만으로도 크게 위로가 되는 경우가 많다.

공감 능력은 타인에 대한 긍정적 관심으로 타인 감정에 적절한 공감대를 갖고 함께 나눌 수 있는 능력이다. 타인과의 비교에서 비롯되는 시샘과 질투의 감정이 배제되어 불편한 관계가 아닌 호의적이고 성숙한 인간 상호관계를 형성한다. 타인에 대한 호기심과 시샘 질투와 같은 부정적 감정이 많은 사람이 공감 능력이 낮은 요인 중 하나는 자긍심의 부족으로 생기는 일종의 불안심리에서 기인한 잠재적 공격성때문이다.

공감 능력은 이웃과의 관계에만 머무는 것이 아니라 사회문제에 대한 관심으로도 이어진다. 몇 년 전 사르트르 정부는 자국민의 안전을 목적으로 상당수의 불법 외국 체류자들을 강제로 추방한 사건이 있었다. 당시 프랑스 한 지방에서 아프리카 청소년이 추방당하게 되었는데, 지역주민들의 보호로 이 청소년은 추방을 면했다. 역사적인 사건들을 보면 프랑스인들의 타인에 대한 관심은 인권과 인류애라는 보편적인 개념이 근거하고 있어 인권 보호 측면에서는 매우 적극적이고 이에 대한 철학도 강하다.

개인주의와 공감 능력은 서로 상반되는 것 같지만 성숙한 개인주의는 타인을 배제하는 것이 아니라 자신의 자존감과 같은 무게로 타인의 자존감을 존중하면서 타인의 감정을 함께 나눔으로써 상호관계를 발전시키는 공감능력을 동반한다. 이기적인 개인주의가 아니라면 개인의 독립된 자유와 책임감은 오히려 타인과의 공감 능력을 높인다. 공감 능력은 개인의 사회자본으로 타인과 건강한 관계를 맺으면서 건강한 사회를 만드는 동력이 된다.

개인주의와 공감 능력의 상호관계를 가장 잘 설명한 사람 중 한 명으로 데카르트(Decartes)를 들 수 있다, 그는 개인주의를 설명하는 키워드로 자유 개념을 들어 인간은 타인에게서 떨어져 혼자 고립된 것으로 자유로 정의하였다. 이 고립된 자유는 자신의 능력을 끌어내어 자유의 실체적 존재를 증명해야 하는데 아이러니하게도 이는 혼자되는 것이 아니라 타인과의 사랑, 소속감들을 통해 실체화된다는 것이다. 예컨대, 데카르트가 주장하는 자유와 개인주의는 스스로 얻어지는 가치가 아닌 관계를 통해서만 참된 가치와 진정한 의미를 갖는다는 설명이다.

데카르트의 설명이 아니더라도 개인주의가 개인에게 머물러 있을 때는 사실 죽어있는 이념에 불과하다. 개인주의의 실체는 타인과의 공감력, 공감대가 형성된 기반에서 그 실체가 존재하는 것이다. 로빈슨 크루소처럼 외딴섬에서 혼자 살아가는 존재의 가치는 사회적 가치로 확산되지 못하기 때문에 자신 안에서 존재의 가치가 소멸된다.

개인주의와 공감 능력의 상호관계는 속물성을 배제하고 자연스럽게 연대성을 추구하게 된다.

이러한 관계를 국가적 차원에서 톨레랑스(Tolerance)라는 개념으로 사용되고 있다

프랑스인들이 자랑스럽게 쓰고 있는 톨레랑스의 의미는 관용으로, 이는 다름을 수용하는 타민족 문화의 포용에서부터 다른 인식과 다른 지식 체계까지도 포용하는 공감이 확대된 인정과 포용의 개념이다. 특

히 이 개념은 2차 세계 대전 이후 프랑스 정부의 식민지국들의 포용 정책과 이민자 통합 정책의 기본 개념이 되고 있다.

톨레랑스는 볼테르(Voltaire), 로크(Locke), 홉스(Hobbes) 등이 차용했던 개념으로 계몽주의 사상을 바탕으로 타인의 의견과 생각을 통해 자신을 성장시키고자 하는 목적을 갖고 있다.

특히 볼테르는 보다 더 보편적인 톨레랑스를 강조하였지만 좀 더 면밀하게 들어가 보면, 볼테르의 관용에는 타인의 의견과 자유가 존중되어야 하는 동시에 내 의견과 자유가 침해당하지 말아야 하는 전제가 있다. 바로 이 점이 톨레랑스의 한계가 된다. 그럼에도 톨레랑스가 관계의 성숙도를 높이는 주요한 기본 개념임에는 틀림없다.

그러나, 우리는 정치적, 혹은 종교적으로 관용의 한계를 체험하면서 살고 있다. 정치적인 면에서 더욱 민감할 수밖에 없다. 특히 다국적이민자들과 다른 문화를 가진 외국인들에 대한 관용의 한계를 느끼면서 관용의 역설이라는 개념이 등장한다. 타인의 관용은 어디까지가 적절한가? 내 자유가 침해당했을 때 관용은 어떠한 행동으로 표현되어야 하는가? 등등 관용의 한계에 대한 딜레마는 많은 논의를 불러왔다.

18세기 당시 볼테르를 비롯한 여러 철학자가 벌인 프랑스 사회의 톨레랑스 논쟁은 종교적 강요가 국가의 이익과 사회적 안녕에 주는 영향력을 중심으로 이루어졌으며 종교가 사회적 안녕을 해칠 요인들에 대해서도 관용을 베풀어야 하는가? 라는 질문에 초점이 맞추어졌다. 오늘날에도 프랑스 사회는 이 질문과 유사한 '관용이 개인의 자유와 권리를 해쳐도 이 관용을 허용해야 하는가?'라는 문제로 관용의 한계점에 대한 논의가 계속되고 있다. 그러나 관용을 왜, 무엇 때문에 허용하고 있는가? 라는 관용의 목적에 주목한다면 사회의 관계성을 해치는 관용은 이미 관용이 아니다. 한 걸음 더 나아가 '과연 불관용도 관용할 수 있느냐'라는 관용의 한계에 대한 냉소적인 질문은 관용의 딜레마를 꼬집는다.

톨레랑스에 대한 자부심이 강했던 프랑스 사회는 특히 외국인 이민자들이 증가하면서 발생하는 다양한 사회문제로 점점 그 의미가 축소되고 있는 듯하다.

이민 정책의 주요 개념인 사회통합은 톨레랑스를 기본으로 하지만 무한한 관용은 자국민 보호의 문제와 대립하는 구도로 변화되고 있어 관용의 딜레마는 점점 덩치가 불어나고 있다.

외국인들에 대한 포용적 관심은 그동안 외국인들이 정치적, 종교적 이유로 행해온 여러 가지 사회 사건의 발생으로 긴장과 적대의 감정으로 변해가고 있다. 이에 대해 프랑스인들은 이중적이고 위선적이라는 강한 표현을 쓰는 경우도 있지만 프랑스인들은 톨레랑스의 딜레마가 안겨준 축적된 경험으로 인권 보호와 인류애에 대한 관심에 지쳐가는 듯하다.

한동안 외국 이민자들의 사회적 기여로 프랑스인들의 톨레랑스는 높아 갔지만 국내경제의 정체, 삶의 불안이 높아지는 이민자들의 불만, 종교 신념의 차이들이 점점 커지면서 프랑스인들의 관계성은 인사이더와 아웃사이더의 경계를 더욱 두껍게 하고 있다. 이러한 경험들이 축적되면서, 프랑스인들이 자랑하는 톨레랑스는 점점 범위가 좁아지고 있다. 때론 직접적인 반감을 내보이기도 하여 다문화 사회의 포용 정책은 자주 브레이크가 걸리고 타민족, 타인종과의 관계의 이중성이 노골적으로 드러나는 경우도 있다.

정치적인 문제뿐만 아니라 경제적 상황에서도 관계는 해체되고 공동체가 붕괴하면서 톨레랑스는 점점 자취를 감추고 있다.

물질의 가치가 사회를 지배하고 소유를 위해 치열해지는 경쟁적 자본주의의 잘못된 구조도 관용의 자리를 빼앗고 있다. 2008년 경제위기 시 여러 전문가는 위기의 요인을 자본주의 이념이 아닌 자본을 분배하는 민주주의의 잘못으로 판단하였다. 세계적으로 발생한 사회구성원들의 갈등 요인은 일상생활의 기본욕구가 충족되지 않은 것에서 시작되었다. 2011년 아랍의 봄이 그랬고 2008년 경제위기가 그랬으며, 이민자들의 불만 역시 기본적인 생계에 대한 불만인 것이다. 큰 사건의 발단은 늘 사소한 것에서 시작되어 관계의 갈등이 심화되고 관계 해체의 임계점에 도달하면 결국 폭발하거나 폭발하기 전에 새로운 돌파구를 찾아 새로운 사회로 전환되어 왔음을 역사가 증명하고 있다.

이와 같이 인간의 관계성은 개인의 문화, 교육 수준으로만 형성되는 것이 아니라 정치적 이슈, 경제적 요인들이 주요하게 작용하면서 형성된다. 인간관계의 해체를 조장하는 경쟁 구도, 사회 계층 구별, 자본 권력이 만연한 사회 시스템 안에서 이루어지는 관계성은 공동체연대를 해체할 수 있는 가능성을 묵직하게 지니고 있다.

사회연대를 위한 선진 복지국가들의 엄청난 복지예산에도 불구하고 사회통합은 멀어져 가고 있으며 사회구성원들의 관계는 끼리끼리의 연대로 아웃사이더와의 경계가 두터워지고 세대 간의 갈등은 포용을 배제하면서 인간의 관계성은 점점 해체되고 있다. 개인의 자비가 제도화되고 관계의 장은 시스템화되어 가고 있지만 관계의 온도는 점점 식어가 이웃에 대한 자비는 차가워지고 있다.

결국 사람과 사람을 연결하는 끈은 점점 가늘고 약해져 조그마한 사건에도 툭툭 끊어지고 만다. 인간관계의 보편적 가치는 가족, 친구, 이웃 간의 관계가 사회 자본이 되어 사회연대를 이루는 것이다. 개체에서 출발하는 관계는 정서적 감정적 에너지원이 되어 친밀한 상호성을 형성하고 전체 공동체의 특성으로 자리 잡는다. 또한 공동체가 지향하는 가치는 관계 형성에 매우 밀접한 영향을 준다. 관계 지향적이었던 우리 민족의 인간관계는 끈끈한 민족애로 발전해 왔지만 경제 발전을 위한 고도화된 경쟁 구도로 인해 관계가 해체되면서 많은 사회문제를 만들고 있다. 이러한 외부요인으로 인해 다름을 수용하고 이를 통해 자기 성장을 도모하는 관계의 기본이 얼마나 어려운 것인가를 우리는 자주 경험하면서 타인과의 관계 형성에 머뭇거리고 자신감을 잃어가고 있다.

인간의 관계는 집단의 특성, 관계를 맺는 사람들의 유형에 따라 매우 다양하게 맺어지며 사회적 관계는 관계의 밀도, 빈도에 따라 다른 질감을 갖게 된다.

글로벌 시대에 살고 있는 우리는 많은 것들을 공유하고 새로운 것을 탐색하면서 익숙하지 않은 것을 수용하고 이를 발전시켜 가고 있다. 그럼에도 인간관계는 여전히 국민적 성향과 문화적 영향력이 민감하게 작용한다.

계몽주의시대 이후 예술과 철학을 포함한 다양한 학문의 세계를 탄탄하게 구축한 프랑스인들의 높은 자긍심은 때론 자만심으로 변질하여 국가적 차원의 관계는 상호적이라기보다는 위압적이었다. 그러나 2차 세계 대전 이후 세계지형도가 변하면서 프랑스인들의 일방적인 태도는 상호적으로 변화하고 세계변화에 순응하면서 자만심을 내려놓고 다시 자긍심을 찾으려는 노력을 시도해 왔다. 식민지 국민의 수용, 이민자의 수용을 통해 서서히 변화되는 다른 문화와의 동화와 통합이라는 거대 담론에서부터 미시적인 생활행태까지 국민의 톨레랑스를 넓히고 관계의 유연성을 키워갔다. 콧대 높은 프랑스인들의 관계성은 콧대의 크기를 줄이기 보다는 다른 것들을 수용하려는 노력으로 포용을 학습하면서 자긍심의 콧대를 키워가는 모양새로 변화해 왔다.

그러나 오늘날 프랑스가 직면하고 경험했던 다양한 사회갈등과 큰 사건들로 인해 이들의 유연한 관계성은 팽팽한 줄 위에 서 있는 곡예사와 같이 아슬아슬 최대의 긴장을 소모하고 있다. 그래서 오래된 시간을 찾아서 다시 느끼게 되는 프랑스인들의 관계성은 다소 위태로워 보였고 관계의 중요개념인 상호성이 곳곳에서 어긋나고 있었다. 관계는 철저하게 상호에 기반하고 있어 지속적인 피해를 볼 경우 포용은 멀어지고 그 자리를 배타와 배제가 들어서 관계가 깨어지고 부서진다. 사회경제적 요인들로 외국인들의 사회통합이 점점 어려워지면서 외국 이민자들의 갈등이 폭력을 유발하고 이러한 이민자들의 행동에 프랑스인들의 톨레랑스에 대한 자긍심은 계속 무너져 내린다. 심리적, 정서적 갈등은 가시적인 행동으로 나타나 사회의 치안과 안전의 문제가 심각해지면서 사회가 분화되고 타인에 대한 경계가 날카로워지고 있다.

지구촌, 글로벌이라는 단어는 전 세계가 모두 연대하는 의미이지만 역설적으로 각국의 정치적 세력 다툼, 첨예하게 날이 서 있는 경제적 이해관계, 세계인의 지구적 이동으로 인해 각국은 국가의 담을 더 높이 더 두껍게 쌓고 있는 듯하다.

자국민끼리의 연대, 낯선 이들에 대한 경계와 배타, 성차별 못지않은 인종차별의 문제로 프랑스인들의 톨레랑스의 근육은 점점 그 힘이 빠지면서 뼈를 지탱하기 어려울 지경에 이르렀다. 더욱 걱정스러운 것은 프랑스인들의 관계의 어두운 그림자가 이미 전 세계 모든 국가에도 드리워지고 있다는 사실이다.

　함께 어울리고 뭉치고 나누는 즐거움을 어디서 찾아야 할지? 자연스럽게 만들어졌던 그 쉽고 편했고 즐거웠던 관계를 이제는 어떻게 해야 하는지? 나를 열어 보이기도 어렵고 타인에게 다가가기도 조심스러운 위태로운 세상에 사는 것 같아 우울하다.

# 아파하는 환경을 보듬는
# 파리의 환경 정책

*Walk around Paris through the humanitiesris*

오랫만에 다시 찾는 곳에 가면 첫눈에 감지되는 것이 도시 외형의 변화이다. 머릿속에는 이미 알고 있는 이미지가 입력되어 있기 때문에 변화는 순간으로 느껴진다. 개발도상국들의 도시이미지는 하루가 다르게 세워지는 건축물들이 도시의 자연성을 꿰차면서 으스대는 경제 발전의 과시이다. 예전의 골목길은 찾을 수 없고 과거의 정서는 회색 콘크리트에 묻혀 흔적을 잃어 정말 왔던 곳인가 혼란스럽기까지 하다.

파리의 외형은 20년 전이나 10년 전이나 늘 한결같아 과거의 발자국을 따라가기 수월하다. 그러나 최근 2, 3년 전부터 파리시는 여름 내내 여기저기 도로공사로 다소 부산스럽고 교통 노선도 혼잡스러워 예전의 발걸음을 따라가기가 버거워졌다. 바캉스 시즌 동안 도심에 사람도 적고 교통량도 한산한 것을 이용하여 집중적으로 진행한 공사는 다름 아닌 자전거도로 확장공사이다. 도로 변경의 목적은 도심에 이산화탄소 배출량을 줄이기 위한 것으로 도심 차도의 일부를 자전거 전용도로로 확장하는 도시기반시설을 변경하는 것이다. 원래 폭이 넓지 않은 파리 시내의 자동찻길을 자전거길로 변경을 하게 되니 교통은 더 혼잡하게 되고 도로변 주차 공간도 많이 없어져 자가용을 이용할 경우 대단한 인내심으로 무장하고 나와야 한다. 자차로 일을 해야 하는 자영업자들은 교통체증과 주차 공간을 찾아 많은 시간을 길에서 허비해야 하는 경우가 드물지 않아 파리시장의 이름까지 들먹이면서 파리 행정의 불평을 쏟아낼 정도이다. 그러나 환경 보호와 시민들의 건강 보호가 우선이라는 합의에 선택의 여지가 없이 이런 변화를 수용하고 있다.

도심 내 자동차 사용을 줄이는 시도는 이미 2007년 파리시의 벨리브(Velib) 정책으로 시작되었다. 자전거 사용의 접근성을 높이기 위해 버스나 택시보다 더 사용이 편리하게 동네마다 자전거 정류장을 만들고 언제 어디서나 이 자전거를 이용할 수 있게 자전거 교통 인프라를 조성하였다. 그러나 자전거 전용도로의 부족으로 자동차 도로를 함께 사용하다 보니 자전거 사용자가 새로운 교통사고의 피해자가 되었다. 결국 벨리브 정책 이후 10여 년이 지나서야 파리시는 자전거도로를 우선으로 하는 교통로의 대폭적 변화를 시도하게 된 것이다.

자전거 전용도로의 확장뿐만 아니라 파리 시내를 걷다 보면 환경을 생각하게 하는 광고판들을 자주 접하게 되어 파리시가 작정을 하고 환경 정책에 몰입하고 있는 듯하다. 시내 대형 광고판, 버스정류장의 광고판 등 문자와 이미지를 통해 환경에 대한 인식을 독려하고 있다. 홍보 방법은 매해 진화하여 드디어 실물을 활용한 이미지 홍보까지 등장하였다.

파리 중심가에 있는 앙발리드(Les Invalides) 건물을 중심으로 앞과 뒤편에는 넓은 잔디광장이 있다. 초여름이 되면 이곳 잔디광장에 10여 마리의 양 가족이 이곳의 이주민으로 등장한다. 도심에 익숙지 않은 양은 강아지나 고양이와 같은 반려동물에 익숙했던 시민들에게 신선한 이미지로 눈길을 끈다. 잔디밭을 돌아다니면서 쉬지 않고 풀을 뜯어 먹는 큰 양과 그 사이를 천방지축으로 뛰어다니는 어린양의 모습은 산업소비재로 넘쳐나는 도시에 자연이 들어앉은 느낌을 준다. 양들의 도시 거주는 2016년 친환경 관련 기업의 아이디어로 도시 환경 보호 홍보 차원에서 이루어졌다. 장기적인 양의 방목은 대도시 토질의 빈곤화 현상을 방지하고 도시의 회색 이미지를 개선하는 것은 물론 도시의 이산화탄소 함유량을 감소하는 효과를 가져온다. 또한 잔디밭에서 생활하는 양들이 잔디를 먹는 덕에 기계를 사용하는 잔디 손질이 훨씬 줄어드는 효과도 있고 기계 사용으로 인한 공기오염과 소음을 방지하는 부차적인 효과도 있다고 홍보하면서 환경에 대한 시민 인식을 요구한다. 그러나 도시가 양의 터전이 될 수 있도록 환경을 개선해야 하는 것은 이해가 가고 찬성도 하지만 환경 보호 홍보 도구로써 오염이 심한 도심에 양들을 풀어놓은 것에 대한 우려의 목소리도 있다. 정부는 일단 이러한 이벤트가 홍보용이기 때문에 양들의 도심 거주기간을 짧게 하고 잔디와 공기의 오염도가 낮은 나무가 많이 있는 지역으로 선정하고 있어 양들의 건강에는 문제가 없다고 주장하고 있다. 장기적으로 양들이 도심에 거주할 수 있도록 파리의 환경을 만들자는 홍보가 목적이니만큼 양들의 도심 거주는 10일 정도의 단기 거주 홍보모델 역할로 진행된다. 비록 짧은 기간이지만 자연 속에서만 있어야 할 것 같은 양들의 도시 나들이는 그림이나 문자와는 비교가 안 될 만큼 강력한 이미지를 주어 정부의 홍보가 성공을 거둔 듯하다.

파리시의 환경 보호는 정부의 정책뿐 아니라 환경 보호 민간단체 활동이 큰 몫을 하고 있다.

환경 단체는 정부의 환경 정책 수립에 만족하는 것이 아니라 실질적인 실행 여부와 결과를 감독하는 감독기관의 역할로 정부의 환경 정책을 유도한다. 얼마 전 한 환경 단체는 정부가 프랑스 8개 대도시의 대기오염 개선에 늦장을 부린 점에 소송을 걸어 법원은 정부에게 약 1,000만 유로(135억 원)의 벌금형을 내린 사건이 있었다. 법원에서 내린 벌금은 환경개선을 위한 환경연구소의 연구비로 책정이 되었다.

　프랑스의 많은 비영리 단체들은 정부 정책의 보충적 역할이 아닌 독립적으로 사각지대를 찾아 다양한 사회문제를 해결하는 데 앞장서고 있다. 특히 환경 단체의 이런 정책감독의 역할은 사각지대의 발굴보다는 정부가 세운 정책에 대한 적극적인 평가와 단호한 대응을 통해 정부의 느슨함을 질책한 것으로 권력의 힘보다는 의식 있는 국민의 눈이 더 강하다는 것을 보여주고 있다.

　지구환경의 심각성과 환경 보호의 필요성이 제기된 것은 51년 전인 1972년으로 거슬러 올라간다. 스웨덴의 스톡홀름에서 선포된 인간환경선언은 훼손되어 가고 있는 지구환경 보호를 위한 전 지구인들의 협력을 선언한 것으로 이를 계기로 이듬해 유엔 환경계획(UNEP)이 창설되어 환경 보호를 위한 지구적 노력이 시작되었다. 환경에 대한 인식이 있었던 많은 나라들은 환경을 위한 글로벌 계획에 합의하고 실천에 돌입하였다. 이후 환경 보호에는 탄소중립, 지속가능발전이라는 새로운 개념이 등장하였다.

　환경 보호 실천의 핵심에는 지구온난화의 주범인 대기 중 이산화탄소를 줄이는 과제가 제일 먼저 등장하면서 '탄소중립 정책'이 만들어진 것이다. 전 세계 국가들의 협약을 통해 지구적 규모로 이루어지고 있는 이 정책은 이산화탄소를 배출한 만큼 이산화탄소를 흡수하는 대책을 마련하여 도심 내 이산화탄소의 실질적인 배출량을 '0'으로 만든다는 개념이다. 배출량 제로는 사실 아직은 실현이 불가능한 일이다. 냉,

난방기, 엘리베이터, 자동차, 많은 생활 도구는 전기 없이는 무용지물이기 때문에 이러한 기기의 사용을 금하기 전에는 가스 배출량 제로에 도저히 다다를 수 없다. 그래서 구상한 것이 가스를 흡수할 수 있는 나무를 심고 도시 숲을 조성하는 방법이다. 자연을 파괴한 인간이 다시 자연을 활용하여 이 문제를 해결하고 있는 셈이다. 작은 실천의 장기전이 큰 효과를 가져올 것을 기대하고 실천을 유도하는 자동차 사용 대신 자전거 사용, 건물 안 에너지를 친환경 물질로 대체하는 것 등등 환경개선을 위한 방법들이 환경 오염의 원인만큼이나 다양하게 등장했다. 친환경소재, ECO, 유기농, 항생제 제로 등과 같은 단어들이 여기저기에서 인간에게 환경을 보호해야 한다고 외쳐대는 시대가 되었다.

또 다른 환경 보호의 개념인 '지속가능한 발전'이라는 어휘는 글자 그대로 단기간이 아닌 지속적으로 발전을 도모하는 것으로 단기적인 목적에 급급하여 자연 자원을 파괴하는 방법을 지양하고 장기적이고 거시적인 차원에서 사회발전을 도모하는 것이다. 한마디로 자연환경을 파괴하지 않으면서 지속적으로 발전이 가능한 사회환경을 만드는 것이다. 환경을 위해 만들어진 이 개념은 사회과학분야 연구에서도 차용하여 환경을 중심으로 다양한 융합적 연구들이 진행되고 있다. 환경 보호를 위해 만들어진 새로운 개념과 어휘들은 단지 문자로만 존재하지 않고 사회에 흡수되고 생활 안에서 실천되어야 하는 실천개념이다.

환경 문제의 심각성은 환경을 위한 국제적 모임, 국제협정, 전문가들의 제언보다 매스컴에서 자주 소개되는 지구온난화로 살 곳을 잃어가는 북극곰의 환경이나 환경의 심각성을 알리기 위해 1인 시위를 하는 18세의 스웨덴 여학생 그레타 툰베리(Greta Thunberg)의 얼굴 등, 매스

컴이 제공하는 뉴스나 홍보를 통해 더 가까이 인식되어 실제로 일어나는 현상과 사건의 이미지가 더 강한 설득력을 갖는다. 이것도 부족하여 환경 문제는 영화나 다큐 등을 통해 우리에게 강한 메시지로 전달된다. 2004년도에 개봉한 영화 '더데이 에프터 투모로우(The day after tomorrow)'는 환경변화로 지구가 냉각되어 가는 가상의 현실로 환경이 파괴될 경우 지구는 재난이 아닌 재앙으로 올 수 있다는 메시지였다.

반면, 환경주의자들의 이러한 강한 메시지에도 불구하고 현재 환경 오염의 심각성이 너무 지나친 주장이라는 비판을 하는 이견도 존재한다. 시간의 속도가 느린 사회문제들은 체감도가 낮기 때문에 느린 변화 과정에서 찬, 반의 목소리가 공존하는 것은 어느 정도 인정할 수 있다.

그러나 환경변화에 둔감하더라도 생활 안에서 변화되는 다양한 환경 오염은 주의 경고음으로 울려대고 산업 사회와 소비사회가 된 현대의 생산, 소비시스템은 이미 적색 신호를 켜고 지속해 아프다고 사인을 보내고 있어 이제는 병들어 가고 있는 지구환경을 모른 척 외면할 수가 없다. 그럼에도 불구하고 이러한 신호들을 무시한 이익 창출의 극대화를 꾀하는 생산업체들의 부도덕한 생산 과정, 상품경쟁으로 인한 과대포장뿐만 아니라 철이 지난 의복은 무게로 판매가 되어 쓰레기처럼 버려지고 식문화의 변화와 가사의 사회화로 완제된 식품의 판매가 가져온 포장재의 증가 등등, 시장 상품이 만들어 내는 폐기물과 쓰레기처리가 이제는 제품의 생산품만큼이나 우리 눈에 익숙하다. 소비가 미덕이라고 생산 경제만을 생각하는 억지스러운 홍보는 소비재가 만들어 내는 쓰레기와 폐기물로 인해 회색으로 덮어져 가는 하늘을 외면하면서 여전히 상품경쟁과 소비 경쟁을 부추기고 있다.

메트로폴리탄을 대표하는 뉴욕 맨해튼의 빌딩 숲은 수많은 자동차 매연으로 인한 대기오염과 소비재 쓰레기들이 넘쳐난다. 자본의 힘을 자랑하듯 여름의 맨해튼 지하철 안의 냉방 온도는 겨울의 추위와 맞먹어 스웨터를 갖고 타지 않으면 냉방병을 피할 수 없다. 냉방을 하기 위해 나오는 에너지 열과 함께 나무 대신 빽빽하게 들어선 초고층 건물 숲은 건물에서 사용되는 에너지가 배출하는 물질들로 인해 대기의 이산화탄소는 두꺼운 장막이 되어 파란 하늘을 덮어버렸다. 자본의 상징인 맨해튼의 대기오염은 사회가 부유해질수록 생활의 편리함과 소비의 증가가 얼마나 과하게 대기를 오염시키고 있는지를 너무나도 명확하게 보여주는 실증적 사례가 되었다.

그렇다면 역으로 고층 건물이 적고 산업이 덜 발달한 빈곤 국가의 환경은 건강한 상태인가?라는 질문에 대해 역시 반기를 드는 논객들이 있다. 이들의 주장은 경제적 부가 오히려 환경을 보호하고 오염을 예방하는 다양한 정책을 지원하고 도시 인프라를 만들어 주는 경제적 도구가 되기 때문에 부유한 국가들이 환경 보호를 더 잘하고 있다는 것이다. 더 나아가 이들은 환경 오염의 주범은 경제 발전이 아니라 빈곤이라는 가설을 주장한다. 저개발국가에 가해지는 과도한 친환경 정책이 이들 국가의 경제성장을 저해하고 지속적인 빈곤으로 천연자원을 생활자원으로 사용함으로써 환경자원을 훼손하고 있다는 것이다. 그래서 부유한 선진국은 개발도상국 국민에게 환경에 대한 인식을 가르치고 환경 보호 방법과 정책을 알려주는 역할을 하고 있다는 것이다. 궤변인지, 사실인지 다소 모호하기도 하고 억지 같기도 한 주장이다. 이 논리가 합리성에 근거한 주장이라고 동의를 할 수 없는 것은 오늘날 선진 산업 국가들이 개발도상국의 저임금 인력을 이용하고자 공장을 저개발 국가에 설립하고 여기서 나오는 폐기물들이 이들 국가의 환경을 오염시키는 다분히 이기적인 산업전략을 쓰고 있음을 많은 사례를 통해 잘 알고 있기 때문이다. 또한 선진국의 폐기물, 헌 옷 등이 후진국에 수출이 되어 이들 국가의 오염을 더 가속하고 있는 것도 우리 모두 잘 알고 있는 사실이다.

도와준다는 명목은 정당한 명목이 아닌 궤변이다. 개발도상국의 지역자원과 인력을 이용하는 대부분 선진국의 산업생산은 환경 보호보다는 생산성과 경제적 이익이 목적이다. 경제적 이익을 우선으로 하고 있기 때문에 간혹 이들의 무분별한 생산과 환경 오염을 유도하는 생산품 개발이 환경을 더 오염시키는 사례는 드물지 않다. 오늘날 세계 각국의 환경 정책은 국가의 경제력에 따라 확실한 차이가 있다. 그러나 지구적 차원에서 폐기물을 다른 곳에 떠넘기는 님비 현상을 보이면서 빈곤을 비난하고 그들의 환경교육을 도와주겠다고 우겨대는 선진국은 은폐된 후치무안의 태도를 적나라하게 보여주는 실수를 하고 있다. 이들은 근시안적 환경 인식으로 환경 빈곤과 경제 빈곤의 심각성을 혼동하고 있다. 환경 빈곤은 경제적 빈곤이 인간의 생명을 위협하는 수준보다 더 높은 수위로 인간의 생명을 앗아간다. 또한 경제 빈곤의 탈출은 환경 빈곤의 탈출에 비해 덜 어렵고 시간도 덜 소요된다. 그러나 환경 빈곤이 가져오는 예상치 못한 기후변화, 한 번도 경험해 보지 못한 전염병과 희소병들은 인간을 무력화할 뿐 아니라 치유와 회복의 시간 역시 상상을 초월할 만큼 오래 걸린다.

과학이 환경을 보호해 준다는 의미 역시 좀 더 신중하게 생각해 보아야 한다. 과학은 환경 오염도와 환경 변화를 예측할 수 있지만 오늘날 환경을 보호하는 장치나 시스템을 만드는 과학 발전의 속도는 환경이 오염되는 속도를 못 따라가고 있다. 간단한 예를 들자면 과학의 힘으로 전기에너지 공급을 위해 탄소배출이 제로인 원자력을 만들었지만 원자력 발전에 필요한 우라늄 채굴과정에서의 환경 오염, 방사성 폐기물의 처리에 대한 과학적인 장치의 미비 등이 오히려 환경 오염의 원인이 되고 있어 오늘날 선진국들은 원자력 발전 사용에 대해 갈피를 못 잡고 우왕좌왕하고 있다. 이러한 상황이 지속되면 환경 보호를 위한 수많은 협정과 다양한 방법의 제시는 강력한 제재가 없다면 종이 위에 공허한 문자로만 남게 된다.

원자력 에너지를 강력히 추진하고 있는 프랑스 마크롱 대통령에 대한 평가는 환경 보호를 이끄는 지도자로 평가되고 있지만 다른 한편으로 원자력 발전소의 문제점을 어느 정도 줄여갈지는 앞서 언급했던 프랑스 환경 단체들의 눈이 지속적인 감시를 할 것이다.

과학적인 근거가 아니더라도 도심의 환경 오염은 체감 수준을 넘어 우려 수준이 되었다.

도심 속 미세먼지는 눈에 보이지 않는 미세가 아닌 연기 수준으로 뿌연 안개 속을 걷는 것과 같다. 보행의 쾌적도는 생태계 건강과 환경 지표가 되고 대기 오염과 수질 오염에 노출된 인간은 일종의 환경 지표종이 된 것이다. 생태계의 변화는 인간을 무력화하고 있다.

환경 문제에 대한 많은 논의, 홍보, 정책 등에 대해 너무 호들갑스럽다며 환경 정책에 반대하는 사람들은 과학의 발달이 환경을 보호하고 있다고 주장한다.『지구를 위한다는 착각』을 쓴 저자 마이클 셸런버거

(Michael Shellenberger)는 현재 환경 정책을 종말론적 환경주의라고 강력하게 비판하고 있다. 그의 몇몇 주장으로는 플라스틱이 주는 오염보다는 종이 생산으로 인한 이산화탄소 배출이 더 문제이고, 고기 섭취보다는 오히려 채식 위주의 식단이 음식비용을 줄게 하여 반사적으로 다른 소비의 증가가 가져오는 이산화탄소의 배출이 많아지고 있다는 것이다. 또한 원자력 발전이 문제가 없는 증거로 체르노빌 원전 사고의 피해자 중 갑상선암의 사망률은 단 1%였다고 주장하고 있다. 현재 환경주의자들이 주장한 사례에 대한 그의 반박 논리는 다소 억지 같아 좀 더 구체적인 연구와 분석이 더 필요하다.

환경 문제는 정치적 이슈인가? 아니면 정말 현대인의 거대 담론으로 지구의 미래가 달린 문제인가? 어느 쪽으로 무게가 더 기울지 모르지만 오늘날 지구의 환경 보호는 정치적이기 전에 인류의 미래를 위해 현재 지구에 살고 있는 우리가 숙고해야 할 과제임이 틀림없다.

환경 문제에 대한 심각성을 양치기 소년의 거짓말로 비유하는 논객들도 있지만 오늘날 환경의 심각성을 알려주는 많은 예고는 양치기 소년의 거짓말이 아니라 양치기 소년이 마지막에나 볼 수 있었던 그 늑대의 그림자와 같이 이미 우리 주변 곳곳에서 감지되고 있다.

병들어 가고 있는 지구의 건강은 곧 지구 안에서 살아가는 우리 인간들의 건강이다.

지구의 건강을 한 번이라도 걱정한다면 거대 담론의 환경 문제를 몰라도 일상에서의 생활 태도를 인간 중심적 편안함과 효율성에서 벗어나 자연이 우리에게 주는 생태학적 인식과 생태학적 생활방식으로 한 번 더 생각해 보아야 한다. 또한 지구 건강을 위해서는 정치적인 이기심보다는 환경 보호를 위한 좋은 도구로 정치를 활용해야 한다.

　오랜만에 다시 보는 파리시도 다른 대도시와 같이 환경 정책에 많은 고심을 하는 것 같다. 파리시의 환경 보호는 정부의 정책, 환경 단체의 활동과 더불어 파리 시민들의 생활방식도 한몫하고 있다. 도시의 움직임을 속도로 환산해 우리나라가 시속 100km의 속도라면 파리는 늘 시속 30km 정도로 움직인다. 이 저속도는 일상의 안단테 리듬이기도 하고, 시대 변화에 적응하는 속도이기도 하다. 느린 속도 덕에 편리함을 최대로 무장한 새로운 생활방식의 교체도 느리다. 편리함보다는 전통, 새것보다는 옛것, 변화보다는 보존을 우선하는 이들의 생활방식이 어느 정도 환경훼손의 속도를 늦추고 있다. 파리가 다른 선진국이나 우리나라와 비교해 환경을 적게 훼손하는 예로는 파리 시민들이 잘 사용하지 않는 가정집 에어컨, 배달 음식, 음식 포장, 길거리 음식, 택시 타기 등이다.

　2019년 여름에 파리는 기온이 40도를 넘는 기록적인 폭염이 있었지만 이후 서둘러서 집에 에어컨을 설치하는 사람들은 거의 없었다. 또한 파리 시민의 부엌 냉장고 크기는 우리네 가정집 냉장고 평균 크기에 반도 되지 않는다. 우리는 대형 냉장고도 모자라, 냉동고와 김치 전용 냉장고를 갖고 꽉꽉 채워 넣어 오죽하면 오래 저장된 냉장고 식품들을 활용하는 TV 프로그램까지 인기를 끌었었다. 파리 시민들의 식품구매 태도는 환경 오염을 줄이는 데 일조한다. 대용량의 식품을 많이 사놓지 않고 하루나 길게는 며칠 분 음식 재료만 구매하고 있어 파리의 거의 모든 동네에는 주 2회 동네 장이 선다. 이러한 동네 시장의 역사는 17세기로 거슬러 올라가 1615년 문을 연 '레 앙팡 후즈(Les Enfants Rouges)'

시장은 지금도 매우 활기차게 손님을 맞고 있다. 오늘날 이 시장은 보보들이 즐겨 찾는 곳으로 파리 시민들의 식재료와 구매방식을 잘 이해할 수 있는 곳이다.

이들은 플라스틱 포장의 배달 음식보다는 집에서 요리하는 것을 즐기고, 파리에는 길거리 음식을 거의 찾아볼 수 없다.

빠른 속도에 익숙한 사람들에게는 답답할 정도이지만 나무늘보같은 속도에 익숙한 파리지앙들은 아무 불편함 없이 느린 시간 속에서 변화나 발전보다는 전통과 여유를 즐긴다. 그러나 다른 대도시와 같이 파리도 높은 인구밀도, 소비 중심, 교통체증의 문제와 연간 8,000만 명의 관광객이 소비하는 소비재로 환경 오염도가 높아져 가고 있다. 또한 지구온난화가 몰고 오는 기후 재앙에서 프랑스만이 예외일 수가 없다. 오늘날 환경 문제는 국지적이 아니라 지구촌 규모이기 때문에 전 세계인이 함께 고민하고 해결해 가야 한다. 그래서 선진국과 후진국을 분류하여 자만과 질타로 해결하는 것이 아니라 서로의 연대를 통해 문제를 해결해 가야 하고 지구촌 모든 국가들은 정치를 환경 보호를 위한 보편적 도구로써 활용하여야 한다.

경제 발전과 환경 보호는 딜레마의 관계가 아니라 상호 보완, 상호 지원의 관계로 발전되어야 하고 시민들의 환경 인식과 친환경 생활 태도는 보편적인 삶으로 자리 잡아야 한다. 각국의 환경 정책을 하나의 고리를 연결하는 국제 환경 단체와 환경 협약 등은 각국의 환경 정책을 지속적으로 독려하면서 지금 이 순간이 아니라 먼 미래의 건강한 지구와 건강한 인간을 위한 오늘날 우리의 책임과 의무를 인식시키고 있다.

우연히 단 몇 분 동안 구경했던 도심에서 뛰어노는 양의 모습은 오랜 시간 환경에 대한 생각을 물어와 내 머릿속을 들락날락하면서 나를 끌고 다녔다. 단기 환경홍보대사를 했던 양의 역할이 나에게는 충분한 역량을 발휘한 셈이다.

10년 전 파리는 환경 문제에 조용히 접근하기 시작했지만 10년이 지난 오늘날 환경 문제가 더욱 심각해지자 프랑스 정부는 환경 보호를 위한 정책은 이미 늦은 게 아닌가 하는 걱정을 가진 사람들이 문제를 대하듯 정책에도 적극적일 뿐 아니라 홍보에도 다양한 이벤트를 사용하고 있고 '지금 하지 않으면 너무 늦습니다.'라고 외쳐대는 환경 단체의 목소리는 확성기를 든 수준으로 높아져 가고 있다. 우리나라의 환경 보호를 위한 목소리는 몇 데시벨로 울려대고 있는지 궁금하다. 몇 훗날 아무리 외쳐봐도 소용없게 된 양치기 소년의 목소리가 되지 않도록 신중하게 생각할 문제이다.

# 국민이 만드는
# 정치적 이념

*Walk around Paris through the humanitiesris*

국가를 분류하는 기준은 다양하지만 왕정 체제가 무너진 이후 오늘날은 주로 민주주의, 사회주의, 공산주의로 분류하고 있다. 공산주의의 요람이었던 소련이 무너진 이후 공산주의국가가 하나씩 사라지는 대신 민주주의가 정치 이데올로기의 헤게모니가 되었다. 이 세 개 정치 이데올로기를 분류하는 다양한 요인 중 하나는 국가의 자본 운용 방식이다.

공산주의는 국민들의 자산이나 소득을 평등하게 분배하는 반면 민주주의는 시장의 원리로 개인의 능력에 따라 자본을 소유한다. 그러므로 공산주의는 국가의 권력이 막강한 반면 민주주의는 자유로운 경제 자본이 지배적인 이데올로기로 자본을 소유한 부유층의 지배력이 크다. 경제력은 국가를 발전시키는 주요한 동력이 되지만 자본은 빈곤과 부의 불균형을 가져오고 은폐된 강한 권력을 가진 부를 획득하기 위해 사회정의가 제대로 작동되지 않는 문제들이 있다.

공산주의와 민주주의의 중간 정도에 있는 사회주의는 민주주의보다는 자본의 고른 분배를 통해 사회적 연대를 추구하고 공산주의 보다 개인의 자유가 보장되어 국가의 권력이 공산주의보다 약하다.

이러한 정치적 이데올로기와는 별도로 각각의 이데올로기 안에는 좌파와 우파의 개념이 강하게 존재한다. 좌파와 우파는 프랑스 대혁명 이후 국민공회가 생기면서 정치의 견제 세력으로 국민의 권익을 위해 등장한 정치적 당파 개념이다.

각각의 대표적인 속성은 좌파는 농민, 노동자를 대변하고 우파는 자본가를 대변하면서 좌파가 급진적, 진보적이라면 우파는 보수적인 성향을 갖고 있다.

진보성향이 강한 정당은 사회주의 성향을 갖게되고, 자유를 추구하는 보수는 자본주의 성향에 더 기울어진다. 그래서 일반적으로 좌파는 사회주의, 우파는 자본주의, 자유주의로 해석하고 있다.

아주 간단하게 사회주의와 좌파가 지향하는 것은 자본주의의 문제인 불평등을 최소화하고 비교적 평등한 사회를 추구하는 것이다.

사회주의 용어는 산업혁명 이후에 등장한 것으로 노동자의 출현으로 생겨난 개념이라 해도 지나친 표현이 아니다.

18, 19세기 산업혁명 당시 자본을 가진 신흥계층이 새로운 권력 계층으로 부상하였다. 자본가들이 노동자를 고용하면서 새로운 일자리가 창출되고 임금이 체계화되었다. 자본가들의 엄청난 부의 축적에 비해 노동을 제공하는 노동자들은 기업소득과 무관하게 기업이 정하는 임금에 만족해야 했다. 자본가들의 자본에 대한 욕심은 노동 빈곤층을 양산했지만 자본가에게 종속된 노동자들은 자본의 권력 앞에서는 너무나 무력한 피고용인일 뿐이다. 자본의 불평등이 커지면서 이러한 불평등을 최소화하는 사회주의 노선을 주장한 사람들은 아이러니하게도 불평등의 피해자인 노동자가 아니라 오히려 권력을 가지고 있던 자본가와 지식인들이었다. 이렇게 시작된 사회주의 운동은 영국에서 시작되었으나 프랑스에서 더 많이 발전하고 성장하였다.

프랑스 지식인들의 자본의 불평등에 대한 문제의식에 일부 기업가와 귀족계층도 동조하였다. 상당한 자산가였던 샤를 푸리에(Charles Fourier)와 사상가이자 경제학자였던 생시몽(Saint Simon)은 자본주의하에서 공동체 역할의 중요성을 강조하고 노동자의 연대와 평등을 위해 많은 노력을 하여 사회주의를 하나의 정치적 이념으로 만들었다. 이들의 불평등에 대한 문제의식은 산업혁명 이후에 자본가의 자본 독식을 견제하고 노동자를 위한 자본의 분배, 평등, 연대를 위한 실천적 행동으로 오늘날 사회주의에 기반이 되었다.

노동자의 권리를 위해 노동자보다 기업을 경영하는 자본가가 노동자를 대변하여 이들의 권리를 보호하였다는 것은 이들의 상당한 윤리 의식과 높은 사회의식 수준을 단적으로 보여 준 하나의 사례이다. 자본가로서 가진 것을 누리고 지배하려는 것이 아니라, 소득의 불평등에 대한 문제의식을 갖고 있는 그들의 사고방식은 실천하는 지식인의 모범이 되어 오늘날 프랑스의 사회주의를 지탱하는 힘이 되고 있다.

이러한 인식은 이미 1700년대 초 루소(Rousseau)로부터 시작되었다. 그는 '자연은 생활에 필요한 모든 것을 모든 인간에게 준비해 주었으나, 오직 소수의 사람들. 즉, 자본가들의 잉여 자본 때문에 노동자들의 가난이 생기게 된 것'이라고 사회 불평등을 강하게 비판했으며 그의 저서 '사회계약론'은 프랑스 혁명의 단초가 되었다. 역시 프랑스인인 푸리에도 '문명시대에는 가난이 잉여 자체에서 유래한다'는 말로 자본 시대에 자본가의 잉여가 빈곤 노동자를 만들고 있다고 주장하였다.

루소와 푸리에로부터 시작된 사회주의를 실현하고자 한 파리 시민들의 시도로는 1871년 단 2개월(3월 18일~5월 28일)의 짧은 기간을 집권했던 '파리코뮌(Paris Commune)'의 활동을 들 수 있다. 이후 프랑스를 사회주의 국가라고 명확하게 단정 지을 수는 없지만 프랑스는 사회당, 공산당과 같은 많은 정당이 자본주의의 문제를 견제하면서 사회주의 성향을 굳건하게 유지하고 있다.

현 마크롱(Macron) 대통령 첫 대선 당시 사회당의 세력이 커질 것을 예상했지만 마크롱은 기존의 사회당에 소속되기보다는 자본주의와 사회주의가 혼재된 새로운 당을 창당하여 당선되었다. 이후 프랑스의 사회당은 이전 미테랑(Mitterrant) 대통령 시절에 강한 사회주의 성향을 가지고 있었던 당의 정체성이 흐려지고 있다. 이런 변화는 무엇보다 프랑스 사회를 소리 없이 점령하고 있는 자본주의의 그림자 때문이다.

정치적 이데올로기는 강한 이념 같지만 사실 사회변화에 매우 취약하다. 2008년 전 세계를 강타한 경제위기 시 많은 경제전문가는 소위 신자유주의 실패의 원인에 대한 다양한 분석들을 내놓았다. 이중 비교적 설득력이 있는 분석 하나는 실패의 원인이 자본주의의 문제가 아닌 자본을 분배하는 민주주의가 제대로 기능을 못 했으며 이를 분배하는 국가의 잘못이라는 지적이었다. 분배의 잘못을 인정하면서 다른 한편에서는 모든 구성원에게 자본을 평등하게 분배하는 공산주의가 답이라는 의견을 내놓기도 했다. 자본주의의 실패보다는 민주주의의 실패라는 해석은 오늘날 경제 자본의 헤게모니가 전 세계를 덮고 자본주의와 시장 논리는 이제 다른 이념으로 대체가 안 될 정도로 강하게 존재한다는 의미이기도 하다. 이러한 상황에서 자본주의의 문제를 조금만 들여다보아도 문제의 핵심에는 분배의 개념이 똬리를 틀고 있는 것을 알 수 있다. 자본주의는 시장의 논리로 사회가 움직이다 보니 빈부의 격차는 존재할 수밖에 없기 때문에 정치가 소득을 적절하게 분배하는 역할을 해야 한다. 그래서 오늘날 자본주의 국가들은 너나 할 것 없이 모두 소득의 분배와 빈곤층의 사회연대를 위한 복지 정책을 하는 복지 국가를 자칭하고 있다. 그러나 정부는 국민을 위하는 것을 모두 복지라는 단어 하나에 집어넣고 복지를 오용, 남용하고 있는 경우도 드물지 않다. 그래서 너무나 많이 사용되고 있는 단어인 복지라는 개념을 어설프게 쓰고 있지나 않은지 늘 긴장하고 살펴봐야 하는 임무가 복지국가의 역할과 책임으로 추가되었다.

복지 정책이 아니어도 국민을 위해 존재하는 국가는 각각의 이데올로기 개념에 따라 평등한 연대를 위해 자원의 적절한 분배를 해야 한다.

사회주의는 똑같이 일하고 평등하게 나누는 것이지만 오늘날 경제 체계는 모든 사람들이 똑같은 양과 똑같은 질의 노동을 하는 것이 불가능하다. 그래서 오늘날은 사회주의보다는 사회주의와 민주주의가 혼합된 사회민주주의의가 사회주의를 대신하고 있다. 사민주의는 대체적으로 신자유주의를 주장하는 자본주의 국가들 보다는 비교적 국민의 복지가 잘 되어 있는 편이다. 사회주의의 요람이라 할 수 있는 프랑스는 자본주의 헤게모니를 억제하고 통제하는 사회당과 노조가 함께 분배와 연대를 위한 노력을 꾸준하게 해 왔다. 연대와 사회통합은 복지 정책의 중요한 가치이자 목적으로 프랑스는 세대 간, 계층 간, 젠더 간의 갈등을 최소화하는 복지 정책으로 많은 신흥 국가들이 정책을 벤치마킹하는 국가로 등장했다.

복지가 잘 되어 있고 외국인도 평등한 대우를 받을 수 있다는 소문은 가까운 이웃 나라로 소리 없이 퍼져 북아프리카와 동유럽은 물론 아시아 국가에서도 이민자들이 합법과 불법을 가리지 않고 프랑스 땅에 발을 들여놓았다. 이민자들의 유입이 시작되었던 초기에 인권 보호

차원에서 이들을 배제하지 않았던 프랑스는 결국 복지재정에 구멍이 생기기 시작했다. 또한 복지재정을 위해 급여의 상당 부분을 세금으로 지출하고 있었던 프랑스 국민들의 불만은 외국 이민자 유입 수에 비례하여 커져만 갔다. 복지재정과 소득분배를 위해 부유층이 감당했던 고율의 세금은 이제 서민들에게도 부과되어 국민의 세금에 대한 불만의 목소리는 점점 커져 확성기 수준으로 울려대고 있다. 결국 2018년도 질레 존(Gilet Jaune)의 시위는 중산층의 분배와 기회 평등에 대한 불만의 표출이었다. 이들은 처음에는 정부의 세금과 사회 서비스에 호응해 온 사람들로 처음부터 분배에 불만을 가진 층은 아니었지만 시간이 갈수록 정부에 대한 불만이 커지게 된 것이다. 이러한 상황에 또 다른 어두운 그림자를 드리운 것은 증가하는 불법 외국 이민자들의 실업과 치안의 문제로 자국민들의 안전이 위태로워진 것이다.

질레 존의 시위와는 별개로 정부도 이민 정책을 외국인 수용보다는 자국민 보호를 우선으로 하고 수년간 적자를 유지하고 있는 복지재정의 회복을 위해 복지 정책에 칼을 들었다. 재정 누수를 막기 위해 복지 정책 대상자 조건을 강화하고 외국 유학생에 대한 차별적 학비를 요구했다. 프랑스의 대학 등록금은 국가가 거의 부담하여 매우 적은 돈으로 공부를 할 수 있다. 이러한 조건은 외국 유학생에게도 동일하게 적용되어 외국 유학생들은 주거 수당까지 받으면서 저렴한 등록금으로 공부를 할 수 있었다. 그러나 정부는 몇 년 전부터 외국 유학생들의 등록금 체계를 차별화하여 고가의 등록금을 책정하였다. 또한 부모의 수입에 상관없이 자녀 수만 충족이 되면 지급했던 가족수당 역시 고소득 부모들은 대상에서 제외하는 정책으로 전환하였다. 거의 10여 년 동안 적자재정을 면치 못하고 있는 건강보험의 경우, 국민의 건강에 대한 국가의 책임을 같은 강도로 여전히 유지하고 있지만 적자재정으로 의료인력의 재배치와 의료서비스를 포함한 의료시스템의 개선을 꾸준히 진행하고 있다. 이와 같이 모든 이에게 평등한 프랑스 사회주의의 복지는 이제 자본주의 복지시스템에 자리를 내주고 있는 듯하다.

재정을 부담해야 하는 자국민들의 불만, 이민 정책의 실패, 외국인들의 사회적 배제와 차별 등이 혼재된 프랑스 사회의 복지 딜레마는 평등의 가치를 지닌 사회주의를 흔들어 놓고 있다. 그렇다고 프랑스가 신자유주의를 주장하면서 자본주의로 돌아서지 않는 요인 중에는 여전히 건재하고 있는 노조의 영향력을 빼놓을 수 없다. 1875년 사회주의 운동을 시작으로 1879년 개최된 노동자 대회는 생산수단의 사적 소유를 철폐하고 공동의 소유를 갖는 사회주의를 표방한 큰 사건이었다. 이를 계기로 프랑스 사회주의 노조가 탄생하고 정치권에서도 사회주의를 주장하는 여러 개의 정당이 창당되었다.

오늘날 노조 가입 비율은 높지 않지만 노조의 영향력은 여전히 막강하여 정부의 정책에 반기를 드는 시위를 주도하고 정부의 권력을 제어하는 역할을 충분히 하고 있다.

노조 운동과 사회주의는 밀접하게 연결되어 있다. 주체적 역할자가 노동자와 정치인으로 다를 뿐이자 추구하는 목적은 동일하다. 그러나 같은 목적을 추구하는 노동자와 정치인이 서로 연합하면 이상적인 사회를 건설할 것 같지만 정치가 노조를 간섭할 경우 노조의 활동은 정치에 종속되어 정치적 도구가 될 수 있다. 그래서 노조 활동이 정치적 권력과 정치적 통제에서 자유롭기 위해서는 노조의 독립성이 보장되어야 한다.

노동권보장을 주장하는 노조가 원하는 정책의 많은 부분은 정부의 복지 정책과 유사하다. 예를 들자면 과노동 금지를 위한 노동 시간 보장, 여성 근로자를 위한 출산휴가, 아동보호를 위한 아동노동 금지, 워라벨을 위한 휴가 보장, 근로자 안전을 위한 산재보험, 건강보장, 은퇴 이후의 은퇴연금, 실업 시 실업수당, 질병 발생 시 질병 휴가와 수당 등은 노조가 요구하는 것들인 동시에 복지 정책의 주요 내용들이다.

그러나 사회주의 국가와 정당은 노동자의 요구에만 귀를 기울일 수 없다. 국가는 자본주의 체계로 돌아가는 경제 시스템, 무시할 수 없는 기업의 경제적 영향을 고려하면서 노동자계급과 자본가 계급의 조절과 타협 그리고 이를 운영하는 민주주의의 이데올로기를 유지하는 숙제를 안고 있다.

얼마 전 마크롱 대통령이 프랑스 초등학교를 방문했을 때 한 초등학생으로부터 좌파와 우파의 차이를 쉽게 설명해 달라는 요청을 받았다. 대통령은 아주 간단하게 좌파는 평등을 지향하고 우파는 자유를 지향하는 데 중요한 것은 어느 한쪽으로 쏠리는 것을 지양하면서 두 개의 파가 논의를 통해 합의점을 찾게 되면… 대통령이 문장을 마치기도 전에 모든 반 학생들은 '형제애'가 이루어진다고 외쳤다. 대통령은 이런 어린 학생들을 대견해하면서 흐뭇한 표정으로 자유, 평등, 형제애가 바로 프랑스 국가가 추구하고 있는 정치적 이념인 것을 상기시켜 주었다. 정치가 단어로만 존재하는 초등학생들에게 정치는 견제와 합의로 국민의 연대를 완성하기 위해 존재한다는 것을 쉽게 알려준 한 사례이지만, 오늘날 복지의 딜레마로 사회주의의 색이 옅어지고 평등과 형제애가 위태로운 프랑스 국민들이 다시 한번 상기해야 할 일화이기도 하다.

복지보다는 경제를 우선해야 국민에게 분배되는 복지 재정 파이가 커진다는 신자유주의의 논리는 2008년 완패를 하였기 때문에 이제 자본주의 복지국가는 적어도 대놓고 경제가 먼저라고 부르짖지 않는다. 프랑스는 사회당의 역할이 여전히 큰 비중을 차지하고 보수와 진보의 끈이 늘 팽팽하게 당겨 있지만 공산당, 녹색당, 환경당 같은 다른 당들이 보수를 견제하고 있어 신자유주의에 가는 힘을 통제하고 조절한다.

프랑스는 정치권이나 노조 활동을 통해 사회주의를 느끼지만 사람들의 인식에도 사회주의가 진한 질감으로 존재하고 있어 정치권이나 이데올로기, 노조 등, 조직이 사회를 변화시키는 힘과 함께 민중의 인식도 큰 영향력을 발휘한다.

2000년도 초, 약 두 달 동안 있었던 주거 정책에 대한 시위는 집 없는 사람들의 주거권에 대한 권리주장이었다. 대부분의 자본주의 국가 국민은 주거는 개인의 재산으로 집을 소유하는 것은 개인의 책임으로만 생각하고 있는데 당시 프랑스인들의 당당한 주거권 주장은 신선한 충격이었다. 더 놀란 것은 이들의 시위에 사회에 많은 영향력 있는 사람들은 물론 연애인들까지 시위에 합류하여 빈곤층과의 연대를 보여주고 사회정의의 존재를 보여준 점이다. 이 사건이 해결된 몇 년 후에 들어선 사르코지(Sarkozy) 정부는 신자유주의 정책을 주장하고 불법 이민자들을 모두 강제 추방하는 사건이 있었다. 당시 강제 추방 명령이 내려진 외국인들을 보호해 준 것은 지역의 주민들이었다. 불법 이민자들로 인해 발생하는 많은 사회문제에 불만이 많으면서도 적어도 개인이 할 수 있는 타인에 대한 최소한의 인권 보호를 위한 작은 행동으로 사회참여인 앙가주망(Engagement)을 실천한 것이다.

1960년대 한창 뜨거웠던 사회참여의 뜻인 앙가주망을 주장한 사르트르와 푸코와 같은 지식인들의 사회참여 의식, 이들이 원하는 사회개혁, 그리고 지속적인 시민교육과 의식들이 프랑스 국민들의 연대를 이끌고 있어, 프랑스는 정치가 주도하는 사회주의보다는 나눔, 배려, 톨레랑스를 주장하는 민심이 이끄는 사회주의가 더 강하게 존재하는 것 같다.

이러한 프랑스 국민들의 의식이 정치인들의 정치 철학보다 더 사회주의 이념을 건강하고 튼실하게 만들어간다. 민중들의 사회주의 이념의 실천은 어려운 것이 아니라 함께 나누고 연대하는 최소한의 생활방식으로 가능하다. 경쟁으로 타인 위에 올라서고 이를 자랑하는 것이 아니라 함께 하지 못함을 부끄러워하고 내가 가진 것을 나눌 줄 아는 너무나 기초적인 도덕적 실천이다. 이러한 국민들의 작은 실천이 정치적 이데올로기를 넘어 진정한 사회주의 국가를 만드는 동력이 된다. 드골(De Gaulle)이 주장한 '프랑스는 위대해야 한다'라는 것은 경제적인 규모의 위대함도 아니고 정치적인 권력의 위대함도 아닌 국민의 성숙도의 위대함이지 않았나 하는 생각을 해 본다.

정치적 이념은 두터운 두께와 돌과 같은 단단함으로 절대 불변처럼 군림해 왔지만 시간은 이념의 두께를 부수고 강한 돌을 모래로 만들어 존재를 희미하게 만들고 있다. 모든 이의 평등과 공정한 분배를 원칙으로 내세웠던 공산주의는 지구촌에서 서서히 모습을 감추어가고 있다. 반면 자본을 권력으로 이용하는 자본주의는 여전히 당당하게 자리 잡고 있는 듯하지만 2011년 배고픈 민중이 벌인 '아랍의 봄'이 다시 기지개를 펴고 언제 다시 자본의 분배를 외치면서 나타나 자본주의를 위태하게 할지 모를 일이다.

이데올로기는 사회 시스템의 골격으로 존재하지만 정치 철학은 이데올로기를 넘어 인간의 온기를 만들어 내는 인간중심에서 펼쳐져야 한다. 프랑스의 정치 철학은 시간 속에서 변화하기보다는 정치윤리 철학 안에서 순환을 반복하고 있다.

일반인들에게 정치적 이데올로기는 쉽게 이해도 되지 않고 적응도 어렵다. 그러나 도덕적인 생활 실천, 윤리적 의식은 기본적인 교육으로 체화되면서 인간다운 성숙에 이르게 하여 정치적 이데올로기를 능가하는 건강한 사회를 만든다. 사회주의는 정치적 이데올로기이지만 행동 철학은 상당히 윤리적이다. 이런 의미에서 정치적 이론이나 배경에 무지하더라도 도덕적 행동은 사회주의 이론의 행동 철학과 결을 같이하고 마치 하나인 듯 유사하다.

자본가와 노동자들의 연대와 평등으로 시작된 사회주의가 다양한 계층과 복잡한 이해관계가 얽혀있는 다원화된 오늘날 프랑스 사회에 주는 영향력은 사뭇 다른 모습이다. 그러나, 국가가 국민 위에 존재해서는 안 된다는 기본적인 정치 철학을 갖고 있는 정치인들이 있고 노동자들의 권리를 위해 한목소리를 낼 수 있는 노조가 건재하고 있어 사회주의의 기본개념인 평등을 위한 노력은 여전히 진행 중이다.

이러한 연유로 프랑스가 사회주의 국가라기보다는 평등과 분배를 실천하는 프랑스 사람들이 사회주의자라는 표현이 더 설득력이 있지 않나 하는 생각이 든다.

모든 사회구성원 간의 평등과 정의로운 분배에 대한 프랑스인들의 인식에서 시작된 사회주의가 오늘날 자본주의 헤게모니에서도 공산주의와 같은 실패를 하지 않고 있는 것은 바로 국민의 의식이다. 위태로운 사회변화, 계층 간의 갈등에도 평등과 정의에 대한 신념을 가진 소수자들의 인식은 소금과 같은 역할로 사회부패를 예방하고 사회주의적 신념을 유지한다.

18세기 말 프랑스 혁명에서부터 2011년 자스민 혁명으로까지 이어진 시민 혁명은 민중을 외면하고 공허하게 울린 이데올로기에 대한 의식 있는 국민들의 반기이며, 정치적 이데올로기의 목적은 민심을 제대로 파악하는 것이라는 강한 메시지를 전달한 실천적 행동이었다.

정치적 이념은 외친다고 인정받는 것이 아니라 국가를 운영하는 모습과 인간을 대하는 태도로 인정받고 발전해 간다. 때론 비틀거리기도 하고 넘어지기도 하는 이념은 연약한 것이 아니라 변화를 수용하는 과정을 이겨내면서 성장하고 있는 것이다. 정치적 이데올로기는 인간사회의 반석과 같이 고정된 것들과 끊임없이 변화되는 것들을 조절하고 재배치하면서 자신의 자리를 잘 지켜낸다.

플라톤(Platon)과 토머스 모어(Thomas more)가 설계한 이상 국가가 프랑스인들의 사회주의로 실현될 수 있을지 확실하지는 않지만 프랑스는 사회주의 의식을 갖고 이를 행동하는 국민이 있어 이상 국가로 향하는 발길이 아직은 튼실한 것 같다.

다양한 사회적 사건들은 시간의 축적을 통해 역사로 기록된다. 반면 개인의 개별적 감정들은 과거의 시간을 소환하면서 현재의 시간과 엮여 역사 속에 머물러 있던 존재성에 대한 성찰을 유도한다.

과거의 시간으로 돌아갈 수 없는 인생이지만 과거로 인해 현재가 존재한다. 같은 장소에서 과거를 회상하고 오늘의 시간이 만들어 낸 현재의 모습을 보는 것은 시간의 연속성과 시간의 현재성 그리고 시간 속에 잊힌 삶의 기억을 찾을 수 있어 살아있기 때문에 가질 수 있는 행복감이다.

살아있어 느낄 수 있는 멋진 시간여행은 특별한 사람만이 즐길 수 있는 것이 아니라 찾아보려는 호기심만 있다면 어디에서나 우리가 지나왔던 과거의 시간과 공간 안에서 충분히 가능하다.

오랜 시간이 지난 후 같은 장소를 찾아가 느끼는 감정은 과거의 시간 속에서 이루어졌던 수많은 사건을 소환하고 여기에 개인적으로 변환된 인식 체계와 감정의 선들이 날실과 씨실처럼 엉기고 짜이면서 새로운 사고를 축적한다.

감정과 시선, 의견, 생각 등의 변화로 같은 장소에서 느끼는 감정은 때론 새롭기도 하고 때론 옛 감정이 몸으로 가득 전해 오기도 한다.

장소는 물리적이지만 사유의 공간이기도 하고 제도와 규범이 엉켜진 시스템이기도 하고 감정과 정서가 녹아있는 정서적 공간이기도 하며 경험과 기억들이 만들어 낸 추억으로 입혀진 내 역사의 공간이기도 하다.

파리는 개인적으로 나의 진한 감정들이 녹아있는 곳이고 내 역사의 한 페이지를 강한 필체로 적어나간 곳이며 어려움과 즐거움, 행복감의 씨실과 날실들이 다양한 색깔로 짜여진 곳이다.

우리는 모두 이 시대의 주인공이다. 개체의 가치는 세계와 우주의 가치를 대변한다.

자기만의 색깔이 강한 파리처럼 나도 나만의 색을 갖고 싶다.

색이 나를 입히는 것이 아니라 내가 나만의 색을 만들어 내는 그런 작업으로, 나의 정체성을 단단하게 하고 싶다.